Como ouvir as crianças

COLEÇÃO VIDA EM FAMÍLIA

Coordenadora: Monique Nosé

12 horas de sono com 12 semanas de vida

Um método prático e natural para
seu bebê dormir a noite toda

SUZY GIORDANO

Como ouvir as crianças

E responder às suas perguntas mais difíceis

CLAUDE HALMOS

A ciência dos bebês

Da gravidez aos 5 anos –
como criar filhos inteligentes e felizes

JOHN MEDINA

Claude Halmos

Como ouvir as crianças

E responder às suas perguntas mais difíceis

Tradução:
Vera Ribeiro

ZAHAR

Tradução autorizada da primeira edição francesa, publicada em 2012 por Librairie Arthème Fayard,de Paris, França.

Grafia atualizada segundo o Acordo Ortográfico da Língua Portuguesa de 1990, que entrou em vigor no Brasil em 2009.

Título original
Dis-moi pourquoi: Parler à hauteur d'enfant

Capa
Carolina Vaz

Preparação
Mariana Oliveira

Revisão
Vania Santiago
Eduardo Monteiro

CIP-Brasil. Catalogação na publicação
Sindicato Nacional dos Editores de Livros, RJ

Halmos, Claude, 1946-
H181c Como ouvir as crianças: e responder às suas perguntas mais difíceis/Claude Halmos; tradução de Vera Ribeiro. — 1ª ed. — Rio de Janeiro: Zahar, 2014.
(Vida em família)

Tradução de: Dis-moi pourquoi: parler à hauteur d'enfant.
Inclui bibliografia
ISBN 978-85-378-1198-6

1. Educação de crianças. 2. Psicologia infantil. 3. Psicologia da aprendizagem. I. Título. II. Série.

CDD: 372.21
14-09544 CDU: 372.21

EDITORA SCHWARCZ S.A.
Praça Floriano, 19, sala 3001 — Cinelândia
20031-050 — Rio de Janeiro — RJ
Telefone: (21) 3993-7510
www.companhiadasletras.com.br
www.blogdacompanhia.com.br
facebook.com/editorazahar
instagram.com/editorazahar
twitter.com/editorazahar

Sumário

À altura da criança

É PRECISO CONVERSAR com as crianças? É preciso responder a suas indagações? Quem fizer estas perguntas aos pais de hoje em dia sem dúvida obterá um "sim" como resposta na maioria dos casos. E até, provavelmente, "sins" ofendidos pelo fato de alguém poder considerar que isso não seja evidente.

Escutar as crianças, dar-lhes informações, dialogar com elas, tudo isso se tornou algo óbvio, assunto de tantos livros, programas de rádio ou televisão, revistas. Quem ainda ousaria, com todo o seu direito e dignidade, confessar que responde a seu filho ou sua filha com as recusas categóricas ("Não se fala desse assunto!", "Você saberá quando crescer!", "Cale-se, isso não é para a sua idade!", e outras como "Mesa não é lugar de conversa!") que tantas gerações tiveram de ouvir?

Então poderíamos considerar definitivamente vencida a batalha da fala.

Ilusão! Ela está muito longe de acabar. Se essa não é uma notícia muito animadora, pensando bem, também não é uma surpresa. Gostem ou não as boas almas, sempre dispostas a, do alto do seu pedestal, dar lições disfarçadas de conselhos aos pais ("Mas, afinal, minha senhora, é preciso conversar com seu filho!"), falar com as crianças é tarefa de uma complexidade impressionante. É que conversar realmente com elas, manter um diálogo verdadeiro, implica poder considerá-las pessoas sensatas, respeitáveis e capazes de compreender o que lhes é dito, mas sem por isso tomá-las (e, sobretudo, sem permitir que elas se tomem) por adultos.

Iniciativa em forma de aposta, sempre nos limites do possível, que pressupõe nada mais, nada menos do que conjugar a fala no tempo da infância, termo que convém definir. Isso porque, para que a empreitada tenha sentido, essa infância deve ser concebida como um tempo durante o qual o ser humano ainda não chegou ao término do seu desenvolvimento físico e psíquico. Um tempo durante o qual ele se constrói nesses dois planos e, por conseguinte, ainda não pode exibir todas as suas capacidades, nem em um nem no outro. Mas um tempo durante o qual, longe de ser, por força dessa construção em andamento, um "ainda não", um "não inteiramente", um "menos que adulto", a criança, ao contrário, é uma pessoa completa. Essencialmente diferente do adulto, com certeza. E que requer desse adulto educação e proteção, mas é uma pessoa tão válida quanto ele. Ou, para dizer de outra maneira, está em igualdade de ser com ele.

Essa concepção da criança não é óbvia. Até revoluciona certo número de ideias aceitas, ao considerar que o desejo da criança tem a mesma legitimidade que o do adulto, e sua fala, o mesmo valor que a dele. Assim, não mais permite que nos valemos de seu desenvolvimento inacabado para fazer dela, como foi feito durante muito tempo, um subser, um subadulto.

Mas, por ser paradoxal, essa concepção é tão difícil de apreender quanto de admitir. E é ainda mais delicada na hora de ser colocada em prática, na medida em que obriga o adulto a fazer malabarismos com contradições.

Nessa perspectiva, de fato, a criança é tida como um ser inteiro, com os direitos que isso pressupõe (direito à fala, à escuta e ao respeito). Mas também é definida como... criança. Ou seja, como um ser em construção, que necessita ser educada por adultos – e isso lhe é vital. Dizendo de outra maneira, nas palavras que poderiam ser as dela, necessita "ser mandada". Nessas condições, como podem os adultos autorizar-se a fazê-lo? Como podem articular essas duas exigências: considerá-la uma pessoa inteira e ao mesmo tempo uma criança?

No cotidiano, esse exercício parece um número de equilibrismo, e os riscos de derrapagem são inevitáveis e permanentes para os pais (e para qualquer educador). A qualquer momento, o equilibrista pode cair para um lado ou para outro de sua corda bamba. Tratando-o como inferior sem nem mesmo perceber, pode vir a falar com seu filho numa dessas sublínguas supostamente adaptadas à idade da criança, mesmo que, em geral, se revistam de bons sentimentos. E, com isso, pode trazer o perigo de destruir, junto com o diálogo, a autoestima da criança (que autoimagem pode ter uma criança com quem falamos como se ela fosse burra?). Ou, ao contrário, ao lhe dirigir a palavra como se ela fosse um adulto, podemos roubar dela qualquer referencial quanto à diferença entre adultos e crianças e, por isso mesmo, impedi-la de compreender qual é o seu lugar.

É um quebra-cabeça, se assim podemos dizer... No entanto, um quebra-cabeça dos mais modernos, porque essa concepção da criança como ser inteiro, condição sine qua non de que o diálogo com ela não seja um simulacro, implica uma visão particular da infância. Ela pressupõe que a infância já não seja considerada um simples tempo de viagem para a idade adulta (uma transição sobre a qual não haveria realmente razão para nos interrogarmos, porque a única coisa que importaria e teria valor seria o ponto de chegada: a maturidade), e sim uma duração, um estado consistente e complexo, que merece ser levado em conta.

Ora, se hoje essa concepção da infância nos é possível, ela é produto, convém sublinhar, de uma evolução (muito) longa de nossas sociedades. Evolução durante a qual, no decorrer dos séculos, vimos emergir aos poucos a concepção da criança. É que, por mais espantoso que possa parecer, se sempre houve "filhos de seres humanos", nem sempre houve "crianças", no sentido que hoje damos a esse termo (pelo menos nos países desenvolvidos).[1]

Essa evolução foi seguida por uma verdadeira revolução, graças à qual se descobriu que esses pequenos seres, os quais, aos poucos e com dificuldade, percebemos serem imaturos e frágeis, eram, no entanto, dotados de pensamentos, sentimentos e emoções particulares, sem dúvida alguma, porém tão complexos quanto os das pessoas mais velhas.

Como surgiu a criança

O QUE NOS ENSINAM OS HISTORIADORES, a começar por Philippe Ariès?[2] Que, na Idade Média, por exemplo, a criança, tal como hoje a concebemos, não existia. A partir do momento em que chegava aos cinco anos, o "homenzinho" entrava no mundo dos adultos e compartilhava a vida destes. E foi preciso esperar pelo século XVI, e sobretudo pelo século XVII, para que, pelo menos nas altas camadas da sociedade, se começasse a percebê-lo como criança – embora se tratasse apenas de uma infância brevíssima e a criança tivesse um status particular.

Até a Revolução Francesa, a criança teve pouca importância, e de modo algum era considerada um ser insubstituível. Seria um erro nos surpreendermos com isso, e mais ainda nos indignarmos, porque, na época, a taxa de mortalidade infantil era muito elevada e as probabilidades de sobrevivência infantil eram ínfimas.

Além disso, as relações que a uniam a seus pais (a exemplo das que uniam os próprios pais entre si) nada tinham de amor e ternura. Somente a autoridade regia as relações familiares. Mães e filhos ficavam submetidos ao poder absoluto do pai.[3]

A criança, além disso, não era objeto de consideração alguma. Quando alguém cuidava dela – como Montaigne atesta em seus *Ensaios* –, era para se divertir à sua custa, como se faria com um bichinho.[4]

De fato, até o século XVIII, o conceito de infância não existia. Não se tinha nenhuma ideia da especificidade desse período da vida. A criança, até então, retomando a expressão de Philippe Ariès, não passava de um "adulto em miniatura". E, não existindo o amor entre pais e filhos, esse "adulto em miniatura" incomodava. Assim, adquiriu-se o hábito de separar-se dele e mandá-lo para uma ama de leite.

O segundo terço do século XVIII marcou uma mudança considerável nessa concepção da infância. As ideias progrediram. Embora, até então, os holofotes apontassem apenas para a autoridade paterna, começou a haver uma preocupação com os sentimentos da mãe. Creditou-se a ela um amor materno. Paralelamente, os enciclopedistas desenharam uma nova imagem da criança: a de um ser imaturo que precisava da educação e da proteção dos adultos, e cujo bem era prioridade para eles. Pela primeira vez, o vínculo entre pais e filhos foi valorizado, e essa emergência do amor pela criança fez surgir na sociedade uma reviravolta fundamental – a tal ponto que marcou, como nos diz Philippe Ariès, o advento da família moderna.

Nessa época, debateu-se a educação. A duração dos estudos alongou-se (para os meninos) e, com ela, o tempo concedido à infância. Começou a vir à luz uma preocupação com o corpo da criança. Médicos higienistas levantaram-se contra o enfaixamento, que aprisionava o corpo, e contra o recurso sistemático às amas de leite. Estas amamentavam as crianças até os dois ou três anos em condições sanitárias e afetivas deploráveis. Outra mudança notável: a responsabilidade pelas crianças abandonadas passou a ser assumida pelo Estado. A Assistência Pública [francesa] foi criada em 1793.

O século XIX ou o aparecimento da infância

No século XIX instaurou-se grande parte do que hoje conhecemos em matéria de infância (e que geralmente acreditamos ter surgido muito depois). Uma criança inaugurou essa etapa. Era "selvagem" e foi descoberta no dia 9 de janeiro de 1800 no departamento de Aveyron. Foi confiada ao médico Jean Itard, que lhe chamou de "Victor", educou o menino e publicou sobre ele dois livros de memórias, que serviriam de inspiração a François Truffaut, um século e meio depois. Victor levantou para seus contemporâneos o problema da passagem da vida na natureza para a vida em sociedade, e anunciou um século em que a criança se tornaria um ser para se observar e explicar. O utopista Fourier sonhou com a educação dela. As pessoas passaram a observar os próprios filhos. E essa observação levou a que fosse concedido a estes um lugar particular.

Nas classes abastadas, reservou-se para eles um lugar na casa, com móveis proporcionais ao seu tamanho, brinquedos, material especializado (andador, trocador de fraldas) e roupas. O "traje de marinheiro", que durante décadas foi o uniforme das crianças da burguesia, nasceu no fim do século XIX.

A vida familiar organizou-se em torno das crianças: para criá-las melhor, passou-se a cuidar para que elas fossem menos numerosas. E as mudanças foram além do espaço familiar, alcançando toda a sociedade. Assistimos ao nascimento da puericultura e de uma pediatria científica. O primeiro serviço de pediatria foi inaugurado no Hospital des Enfants Malades em 1802, e o primeiro serviço de consultas para bebês, em 1892, no Hospital de la Charité. A primeira creche foi criada em Paris em 1884. Houve também uma preocupação com os deficientes: Louis Braille aperfeiçoou o seu método, e o professor Édouard Seguin abriu, no hospital de Bicêtre, a primeira turma para crianças "retardadas".

Construíram-se prédios escolares adaptados e se aperfeiçoaram métodos pedagógicos, além de material e manuais especializados. O exame do bacharelado* foi instituído em 1808, a primeira escola maternal, em 1881. A justiça também separou as crianças dos adultos. Em 1836, foi criada uma primeira prisão para crianças: a Petite Roquette. A vida ali era tão abominável,[5] porém, que ela foi fechada, vinte anos depois, e as crianças foram mandadas para colônias agrícolas. No entanto, não devemos esquecer que, nesse século XIX (que foi também o da invenção do Papai Noel), a vida estava longe de ser um mar de rosas para todas as crianças. A mortalidade infantil era considerável. As mulheres morriam com frequência no trabalho de parto e se aprofundou o abismo entre as crianças ricas e as das classes pobres, que não se beneficiaram de progresso algum. Não tinham um espaço reservado para elas, roupas nem brinquedos. E, acima de tudo, trabalhavam desde a mais tenra idade, em condições assustadoras. Em 1882, Jules Ferry finalmente tornou a escola obrigatória dos seis aos treze anos. Para todas as crianças, esse foi um progresso colossal.

O século XX ou a revolução da infância

Desde o início do século XX, ampliou-se a preocupação com a criança. Promoveram-se experiências pedagógicas: Maria Montessori, na Itália, Anton Makarenko, na URSS, "Sum-

* Prova a que são submetidos todos os estudantes franceses ao término dos estudos secundários (ensino médio no sistema educacional brasileiro). (N.T.)

merhill", na Inglaterra, Célestin Freinet, na França. Começou-se a cuidar da proteção das crianças: a primeira lei contra o incesto foi aprovada na Inglaterra em 1908. A criança, antes ignorada, tornou-se um personagem que importava, e a publicidade não deixou que isso passasse despercebido. Em 1912, estampou nos muros de Paris o "Bebê Cadum" e, dois anos depois, fabricou cartões-postais terríveis, nos quais bebês de capacete enalteciam uma guerra que, no entanto, deixaria muitos deles sem pai.

Mas foi durante a Segunda Guerra Mundial que se deu a virada decisiva.

Nesse período, as crianças não foram poupadas: eram assassinadas aos milhares nos campos nazistas, por serem judias ou ciganas, recrutadas na Alemanha para a juventude hitlerista, fabricadas sob medida para construir a raça ariana, no contexto do "Lebensborn" etc.

Ao fim do tormento, no período do pós-guerra e, sobretudo, nos anos 1960-70 a vida das crianças foi radicalmente transformada. As mudanças deveram-se, ao mesmo tempo, ao grande crescimento econômico, aos avanços da medicina e às conquistas das lutas sociais (em especial as das mulheres). E foram de várias ordens:

- Mudou a relação com a criança. Ela se tornou cada vez menos um "fardo": a contracepção e a legalização do aborto permitiram decidir sobre sua vinda; o parto "sem dor", fazê-la nascer em melhores condições. A proteção social e as inovações técnicas facilitaram a vida material.
- A vida da criança, que, ao término da Primeira Guerra Mundial, ainda era ameaçada (45 natimortos em cada mil crianças nascidas e, entre as que nasciam vivas, cinco em cada mil

morriam antes de um mês, e quinze em cada mil, antes de um ano), passou a ser cada vez mais bem protegida. A família, não mais oprimida por angústias de morte nem esmagada pelo cotidiano, tornou-se mais disponível para acolher uma relação com os filhos.

- Surgiu um interesse por crianças cada vez mais novas. O século XIX havia reconhecido a importância do período de 0-6 anos; a psicologia e a medicina avançaram então pela exploração da fase de 0-3 anos, preocupando-se mais com o lactente e até com o feto. As creches modernas datam de 1945, e os psicólogos entraram nelas em 1960.

Por fim, depois de separar-se pouco a pouco, no correr dos séculos, da justiça dos adultos, criou-se uma justiça específica para os menores em 1945, com base num texto: o ordenamento de 2 de fevereiro de 1945.

A criança torna-se uma pessoa

Por último – e essa foi a grande mudança da segunda parte do século XX –, alterou-se a representação que se fazia da criança. Ela deixou de ser considerada um organismo físico que aos poucos chegaria à consciência para ser vista como uma pessoa, desde sua mais tenra idade.

Nessa transformação da imagem da criança, a psicanálise desempenhou um papel essencial. Mostrou, ao mesmo tempo, a complexidade do psiquismo infantil, o papel desempenhado pelos adultos na construção dele, e afirmou a importância decisiva da infância para o resto da vida. E essa importância não se manteve apenas como algo teórico, pois, descobrindo-a dolorosamente no divã, diversas gerações de "analisandos" puderam reivindicá-la, por sua vez, e escutar as crianças de outra maneira. De fato, ao fazer da criança o senhor do destino do adulto, a psicanálise inverteu a relação imaginária adulto/criança e tornou incontornável a consideração do psiquismo desta última (e a responsabilização por ele). Assim, desempenhou um papel decisivo antes da Segunda Guerra Mundial, graças aos psicanalistas que, seguindo Freud, começaram a analisar crianças (Hermine von Hug-Hellmuth, Anna Freud, Melanie Klein). E, terminada a guerra, graças a todos os que fundaram instituições (como fez Bettelheim em Chicago, em 1947) ou se dedicaram aos setores em que se cuidava de crianças. Eles batalharam para que fossem levados em consideração os desejos e a história delas, em lugares nos quais, até a década de 1960, as crianças agitadas ainda eram amarradas e os bebês mamavam sozinhos, com a mamadeira equilibrada em fraldas. E também graças aos psicanalistas que, afastando-se do mundo dos especialistas e de sua linguagem, muitas vezes pouco acessível, não hesitaram em intervir nos meios de comunicação, para permitir, por meio de uma fala clara, que o chamado "grande público" se conscientizasse da importância da infância. Na linha de frente desses pioneiros temos Donald Winnicott, na Inglaterra, e Françoise Dolto, na França.

Françoise Dolto ou a descoberta da infância

Nessa luta para levar a infância a ser ouvida, Françoise Dolto desempenhou um papel tão original quanto decisivo. Pediatra de formação, ela foi uma notável teórica do desenvolvimento da criança e de sua educação, bem como uma psicanalista de talento clínico excepcional. A aparente facilidade com que conseguia decodificar até as mais misteriosas condutas das crianças, suas declarações mais enigmáticas, seus sofrimentos mais ocultos, costumava deixar atônitos todos os que se aproximavam dela ou a escutavam. Sua clarividência fez dela uma lenda. Relatavam-se suas explicações inovadoras e luminosas, suas curas quase milagrosas. Transformada num mito, para muitos, ela assumiu, no mundo dos profissionais da infância, a categoria de um personagem incontornável, e não ficou longe considerá-la uma adivinha, feiticeira ou mágica.

Dolto não o era. E chegava inclusive a reivindicar não o ser, com grande vigor, nunca deixando de lembrar aos que se deslumbravam com sua compreensão que ela não fazia outra coisa senão aplicar às crianças que recebia o que outras crianças lhe haviam ensinado. E essa afirmação não era obra de sua modéstia nem de qualquer vontade demagógica de elogiar as crianças.

Françoise Dolto havia efetivamente frequentado a escola das crianças. E fora de fato ensinada por elas. Pudera ser ensinada porque, se não era feiticeira nem gozava de nenhum poder sobrenatural, possuía, no entanto, um talento próprio. Com efeito, as crianças têm um modo particular de viver, pensar, imaginar, sentir as coisas, e um modo particular de falar delas. Tão particular que (embora a imagem seja evidentemente imprópria) poderíamos descrevê-las como um povo, o "povo infantil". Um povo dotado de uma cultura e uma língua específicas. Se admitirmos guardar esta imagem, poderemos dizer que Françoise Dolto falava a língua das crianças, tinha acesso à cultura das crianças, e ficava tão à vontade no mundo das crianças como se ainda fosse criança. Em outras palavras, apesar de ter se tornado adulta, tinha a capacidade de estar no mundo das crianças em pé de igualdade com elas, algo que os outros seres humanos vão perdendo à medida que crescem. E podemos dizer que, desse modo, ela era um caso único.

Para os adultos que somos, realmente, o cotidiano da infância já não está disponível como tal. Se, usando uma metáfora laboratorial, imaginarmos a passagem do estado infantil para o adulto à maneira de uma transformação química, poderemos dizer que os componentes da operação inicial já não nos são acessíveis como tais. A infância, entocada no inconsciente, certamente não para de dirigir nossos passos, mas a consciência perdeu seus vestígios, e até a análise – que trabalha às avessas os elementos da operação química – só nos fornece, na maioria das vezes, migalhas muito reelaboradas.

Vem daí, sem dúvida, o fato de o mundo das crianças nos ser "estrangeiro", no sentido primordial da palavra. Esse mundo encontra-se do outro lado de uma fronteira que não está no espaço, mas no tempo, lá atrás. E vem também daí, sem dúvida, que tão poucos escritores e tão poucos cineastas tenham sabido colocar a infância em cena. Irremediavelmente, as crianças são como que filmadas do alto, como que descritas de cima para baixo. Como no espetáculo das ruas, que tantas vezes nos mostra um membro da tribo dos adultos arrastando pela mão um membro da tribo dos pequeninos, para fazê-lo avançar no seu ritmo... certo de estar agindo corretamente, como sempre acontece quando se está na ignorância. Afinal, os adultos têm coisas importantes a fazer!

A esse inelutável resgate do "tornar-se adulto" caberia acrescentarmos, para completar, a dimensão subjetiva, isto é, a propensão que todos temos a afastar os desejos, os medos e os gozos da infância, depois que o recalcamento nos deixa sua incômoda disponibilidade – toda essa mixórdia de guardados pessoais que os pais têm tanta dificuldade de exumar, quando vêm interrogar o analista sobre a maneira de serem pais.

A tudo isso, o psicanalista escapa tão pouco quanto os outros. Se em seu trajeto ele não pôde prescindir de olhar, como se costuma dizer, o lado da "criança que há nele", se sua prática de analista não para de obrigá-lo a pôr para trabalhar essa criança que existe nele, trata-se apenas, digamos assim, do inconsciente. Quanto ao que se passa com o consciente, o analista não está mais adiantado que os outros. A "língua" das crianças tornou-se para sempre, para ele, uma língua estrangeira.

Nesse sentido, a obra de Françoise Dolto introduziu uma ruptura em relação a todos os trabalhos sobre a infância que se conheciam. Se antes dela só havia os que atuavam como tradutores da infância (não livres dos desvios inevitáveis que uma tradução implica), Françoise Dolto, por haver continuado a falar a língua das crianças, foi transmissora da fala delas e fez uma geração inteira ouvi-la.

Fez ouvir a língua e as particularidades das crianças. Isso porque, se não existem significantes próprios destas, existe, por outro lado, uma forma particular de expressão que as crianças têm entre si. Para uma criança, um padrasto, diz Françoise Dolto, muitas vezes é apenas um pai que é bonito.* Eis uma ob-

* A palavra padrasto, *beau-père* (que também significa sogro, em francês) – o pai por aliança ou afeição, segundo a etimologia –, compõe-se de dois termos que têm, separadamente, os sentidos indicados: *beau* = bonito, belo, e *père* = pai. (N.T.)

servação que complica singularmente as coisas, pois uma coisa é fato: um pai bonito não é necessariamente um padrasto...

Françoise Dolto deu a entender a uma sociedade de adultos que tem o costume de fazer brincadeiras, deslumbrar-se ou falar tatibitate diante das "fonhas de tabiceio" e outros "cacholos" de seus filhos, que essas práticas não consistiam em aprendizagem falha ou falta de aprendizagem, porém de um processo complexo, de uma espécie de testemunho do estado da construção do ser humano em processo de devir.

Ao atestar a existência de uma linguagem "infantil", Françoise Dolto deu um testemunho da cultura do "povo infantil". Para a maioria dos adultos, a vida das crianças não tem realmente consistência. É feita de uma série de operações ligadas à necessidade (de comer, beber, dormir etc.), às quais admitimos associar alguns sentimentos psíquicos – ele está contente, está com raiva, está enciumado. Os adultos têm das crianças, muitas vezes, uma visão semelhante à que teria das formigas uma criança que, ao vê-las passarem no parapeito de uma janela, concluísse que as formigas tinham muita sorte, por levarem uma vida em que estavam sempre passeando... Diante dessa visão, Françoise Dolto revelou a espessura e a complexidade de um cotidiano. Uma consistência de extrema densidade, feita de relações com os adultos, de relações com os objetos, com as questões da vida, de relações com outras crianças. No lugar de um deserto de reduções simplificadoras, ela fez surgir um saber de extrema riqueza. Descobriu a infância como se descobre um continente, e a sociedade não se enganou a esse respeito quando fez da "obra de Dolto" um compêndio enciclopédico sobre a infância, mesmo nem sempre tendo lido os livros dela.

De onde lhe veio esse talento e qual era a natureza dele? De que alquimia singular provinha? Era como se um fiasco milagroso do processo habitual da vida tivesse dado origem a uma monstruosidade genial: uma pessoa crescida que, apesar de ter se tornado adulta, também teria continuado criança. O que não era, no tocante a Dolto, o menor dos mistérios.

Ainda criança, ela não se deixava enganar pelos engodos, pelo "ouro falso" do mundo dos adultos, e, assim como outros não abrem mão do seu desejo, ela não abriu mão do seu saber infantil. Custasse o que custasse... E lhe custou muito... Dolto não se cansou de manifestar esse saber em *Enfances*[6] e no verdadeiro documento que é sua *Correspondência*:[7] iluminação indireta, isso era algo que os adultos achavam bonito, embora não se enxergasse absolutamente nada. Como podia ser bonito não enxergar nada? O rei estava nu!

Ela disse ter compreendido desde muito cedo a defasagem entre o mundo das crianças e o dos adultos, assim como a surdez destes últimos. Por exemplo, no dizer de Dolto, eles se empenhavam, a começar pelos médicos, em cuidar de uma indigestão, sem entenderem que era só uma contrariedade que a criança não havia digerido.

Dessa compreensão nasceria, nas palavras dela, seu desejo de ser "médica da educação" – uma formulação doltoianamente ambígua, já que tanto podemos entendê-la como o desejo de cuidar das crianças quanto como o desejo de cuidar da educação dada às crianças. O que ela não pararia de fazer. Para isso, escolheu dirigir-se a todos através do rádio. Primeiro na Europe 1,[8] e depois, em 1976, na France Inter, num programa diário chamado *Lorsque l'enfant paraît* (Quando a criança aparece).

Na ocasião – é essencial recordar –, esse tipo de iniciativa não era moeda corrente: estávamos muito longe da midiatização generalizada dos "psis" que hoje conhecemos. No meio da psicanálise, a chegada de Françoise Dolto às ondas do rádio provocou um escândalo. Choveram críticas. Ela foi acusada de desvirtuar a psicanálise, por querer torná-la acessível à grande maioria. Foi chamada de blasfema e sacrílega. Foi condenada. E não tomou conhecimento.

Sob sua aparência de senhora decorosa, de burguesa convencional, Françoise Dolto era, na verdade, uma mulher de convicções fortes, apaixonada, livre e absolutamente subversiva. Zombava dos mexericos, das panelinhas e das conveniências. Era receptiva ao que pensava ser a verdade, era inovadora e, como todos os verdadeiros criadores, não cedia em nada e seguia seu caminho, como a caravana, deixando os cães ladrarem, por mais doutos e renomados que fossem. E ganhou. Ou melhor, fez ganharem as crianças, a causa das crianças, sua causa.

Ganhou porque, ao falar delas, de suas alegrias, suas dores, suas angústias, suas esperanças e seus medos como ninguém falara até então, ela tocou o coração dos adultos que a escutavam. Todos os adultos. Inclusive os que não conheciam a psicanálise ou não lhe davam a menor importância. E também os que a conheciam e não lhe davam importância por desconfiarem dela. Françoise Dolto os tocou porque não se dirigiu a sua razão, mas diretamente à criança que havia neles. E falou com essa criança. Falou-lhe do que ela vivera no passado e que, muitas vezes, não conseguira fazer com que fosse ouvido pelos adultos que a cercavam. Disse a eles as palavras que ela tanto precisaria ter ouvido naquela época, as palavras que a teriam tranquilizado, reconfortado, libertado.

Assim, dia após dia, como uma cineasta que aos poucos remontasse imagens que se supunha destruídas para sempre, Françoise Dolto permitiu que uma geração inteira de ouvintes reconstituísse o filme perdido de sua infância. Permitiu-lhe ressuscitar e, finalmente, acolher a criança ferida que tinha sido. E, por ela ter feito justiça a essa criança e a seus sofrimentos, os ouvintes compreenderam, sem a menor dúvida, que ela dizia a verdade.

A partir daí, tomando consciência de suas dores passadas, os adultos começaram a ver sua infância de outra maneira e, pela mesma razão, a ver de outro modo seus filhos, os filhos dos outros, todas as crianças. Pararam de considerar os desenhos deles como simples garatujas sem importância. Admitiram que havia sentido no que diziam. Passaram a escutá-los de outra maneira. Ouviram-nos de forma diferente. Conversaram com eles. Numa sociedade em que o conceito de criança já se havia modificado de modo notável, as mudanças se aceleraram. A imagem da criança transformou-se. E assim acreditamos que ela nunca mais seria o que fora antes, que um retrocesso seria impossível. Estávamos enganados.

O século XXI ou a criança em perigo

Passaria o tempo. Esse tempo que sabe tão bem abrandar a contundência das revoluções...

Hoje, decorridos mais de 35 anos de *Quando a criança aparece*, os "psis" nos meios de comunicação já não são novidade. Há "psis" em toda parte, para falar de tudo, e principalmente das crianças.

Vitória de Françoise Dolto? Vitória da causa das crianças? Seria um erro acreditar que sim. É que, embora se exponha pelas páginas e telas essa aparente preocupação com a infância, as crianças nunca correram tanto perigo. Um perigo tamanho que é lícito perguntarmos se a presença maciça e midiática dos psis debruçados sobre seus berços não está servindo de tapa-buraco para encobrir uma situação na qual, hoje, é a própria ideia da criança que está ameaçada.

De fato, hoje em dia, em muitos campos essenciais do saber, a ideia de infância entendida como tempo de construção do ser humano é negada (sem que isso jamais seja enunciado dessa maneira).

Grande parte da psiquiatria, ligada às teorias norte-americanas (que, negando a singularidade dos seres e de sua história, considera os sintomas como afecções generalizáveis e sem idade), enuncia sobre as crianças diagnósticos de adultos. Uma criança de três anos que perde a vontade e o gosto de viver, em decorrência de problemas relacionais (que, trabalhando com os pais, poderiam ser facilmente identificados e tratados), pode hoje ser declarada "depressiva", como se tivesse trinta anos, e ser tratada como tal.

Essa mesma psiquiatria, por outro lado, recusa-se a considerar as dificuldades das crianças como "falhas" – reparáveis – de sua construção. E se empenha em ver nelas o efeito de deficiências constitucionais. Assim, a criança que "não para no lugar", por exemplo, porque os pais, prisioneiros de sua própria história, não souberam indicar-lhe seu lugar (o que poderiam fazer, se fossem ajudados), pode ser declarada portadora de hiperatividade, a pretensa nova doença do século. E pode vir a ser artificialmente "acalmada" por medicamentos que não resolvem nada, e cujos efeitos a longo prazo são totalmente desconhecidos.

Paralelamente, cientistas (ou supostos cientistas) pretendem identificar, em crianças de dois ou três anos, tendências – também constitucionais – que fariam delas, com certeza, os ladrões e estupradores do futuro.

Por fim, a justiça dos menores, um dos resultados mais importantes da conscientização da especificidade da infância por parte da sociedade, atualmente parece fadada à destruição, cada dia mais ameaçada por políticas que vão proclamando que as crianças de hoje não seriam mais as de antigamente, que já seriam adultas aos doze anos. E que a elaboração de um código penal que permitisse julgá-las nessa idade como os mais velhos seria mais do que necessária... Doze anos, e já criminoso como gente grande. Criminoso em miniatura, portanto... Como não ouvir nisso o retorno ao "adulto em miniatura" dos tempos anteriores à "descoberta" da infância? Lembrança que não poderia ser um augúrio mais sinistro...

No campo dessa programada execução capital da ideia de infância, é claro que Françoise Dolto é regularmente evocada. E o é ainda mais por ser promovida pelas circunstâncias, de modo geral, à causa de todos os males.

Com efeito, a era do "Dolto disse" dos anos 1980 cedeu lugar a outra, recentemente. Se hoje a sociedade se degradou, dizem agora, "a culpa é da Dolto".

Conjugando o desprezo pela criança e o ódio àquela que defendeu a causa da infância, os detratores soltam a raiva e se comprazem com um colossal retrocesso. Um retrocesso que – haverá razão para nos espantarmos? – assume a forma de um retorno aos castigos físicos...

Partindo de uma constatação justificada – a de uma crise inegável na educação,[9] que deixa as crianças numa perigosa falta de referenciais –, ideólogos de uma nova espécie, retrógrados Papais do Açoite* modernizados, acusam Dolto.

No dizer deles, ao afirmar que a criança é uma pessoa e que não se pode confundir educação com adestramento, Françoise Dolto teria pregado a permissividade educativa, o *laissez-faire* absoluto, e com isso teria permitido a emergência de hordas de reizinhos e tiranos infantis que ameaçariam a sociedade.

Apoiando-se nessa fantasia, que só é sustentável para quem não leu os livros de Dolto, eles pregam, portanto, um salutar retorno aos "bons e velhos tempos" – aqueles em que não se cogitava encarar a criança como um ser completo. Aqueles, principalmente, em que não se podia pensar em um diálogo entre o adulto e a criança...

É que o grande pesadelo, o inimigo principal dos Papais do Açoite, é a palavra. Aquela que o adulto pode dizer à criança e que eles recusam, porque, segundo dizem, ela diminui o poder absoluto que o adulto deve ter sobre os pequeninos.[10] E principalmente a palavra que a criança pode dizer-lhe, por sua vez. Os Papais do Açoite temem acima de tudo a criança que fala, aquela a quem se deu a palavra e, com isso, a autorização para tomá-la. Eles a temem porque a criança que fala, tal como o "louco" ou o artista, pode dizer a verdade (a sabedoria popular não diz que a verdade fala pela boca das crianças?). Todas as verdades. Inclusive aquelas que os adultos aprenderam que nem sempre "convém dizer" ("Mamãe, por que a sua mamãe

* "Papai do Açoite", termo aqui usado para traduzir *Père Fouettard*, designa um personagem do folclore europeu que é uma espécie de ajudante malvado de são Nicolau (Papai Noel), a quem acompanha para distribuir pedaços de carvão ou aplicar chicotadas nas crianças que se portaram mal, enquanto Papai Noel premia as boazinhas com presentes. (N.T.)

é má com você?"). Inclusive aquelas que podem desestabilizá-los, forçando-os a interrogar o que eles julgavam evidente demais para ser interrogado ("Como você pode ter certeza de que Deus existe, papai?"). A criança que fala é perturbadora. Perturba a ordem estabelecida. Assim, afirmam os Papais do Açoite, ela deve obedecer e se calar. Para o seu bem, nem é preciso dizer... Evidentemente, poderíamos sorrir dessas afirmações de outro século. Poderíamos, se elas não viessem fazer eco, perigosamente, aos políticos que, sobretudo em matéria dos problemas criados para a sociedade por crianças e adolescentes, também se recusam a explicar, a compreender, a falar. E preconizam que nos atenhamos a punir com severidade e a sancionar. Concordando com os Papais do Açoite, eles proscrevem a fala.

Por conseguinte, se no passado a necessidade de conversar com as crianças foi uma descoberta, hoje ela é um combate – ao menos para aqueles que não pretendem negar a construção psíquica do ser humano nem a ideia de infância. E é um combate que se faz urgente travar...

Falar com as crianças: sobre o que e como?

MAS COMO TRAVAR esse combate? Coloca-se uma pergunta, de fato: ao nos recusarmos a condenar as crianças ao silêncio, será que por isso devemos falar com elas (e deixar que elas falem) sobre todo e qualquer assunto? De modo algum.

Falar com as crianças pressupõe definir um limite. Um limite que equivale a nos lembrarmos (e lembrar a elas) o lugar delas.

Ao contrário do que hoje gostariam de nos fazer crer, se por um lado Françoise Dolto sublinhou a importância de levar as crianças a sério, por outro, ela jamais quis fazer delas "imitações de adultos" que pudessem ditar a lei, impor sua vontade e mandar na família, longe disso. Se a criança, ser completo que Dolto defendeu, tem seus direitos, ela não tem – e deve aprender isso – todos os direitos. E não tem apenas direitos. Também tem deveres: em primeiro lugar, o de respeitar as leis do mundo (que os pais têm o dever de lhe ensinar).

Do mesmo modo, se Dolto postulou a necessidade de conversarmos com as crianças, postulou também, e com vigor, a de lhes "baixarmos a crista", quando elas têm a pretensão de discutir tudo, a começar pelo que não lhes diz respeito. A criança deve ter um lugar próprio, Dolto não se cansava de repetir. Não deve ter o lugar inteiro. Daí a necessidade de saber, quando necessário, "colocá-la no seu lugar" (de criança).

Então, do que podemos, do que devemos falar com as crianças? Mais uma vez, não se trata de lhes falar de tudo. Os adultos não têm que dizer tudo às crianças. Têm que lhes dizer apenas o que diz respeito diretamente a elas.

Quais são, na vida da criança, as coisas que podemos afirmar que dizem respeito diretamente a ela?

A criança precisa ser informada do que diz respeito a sua pessoa: sua concepção, seu nascimento, sua história desde o dia em que nasceu

A criança necessita saber como veio ao mundo. Saber se os pais que a criam são os que a conceberam. Ou se estes, vendo-se impossibilitados de ficar com ela, "abandonaram-na", isto é, "ofereceram-na em adoção".[11] E o fizeram para que pais que queriam um filho de todo o coração, mas não conseguiam concebê-lo, por seus corpos não funcionarem como deveriam, pudessem adotar, educar e acompanhar essa criança até a idade adulta.

Se, como hoje a ciência permite, a criança foi concebida graças à fecundação *in vitro*, ela deve ser informada disso. Porque sua concepção faz parte de sua história e sua história lhe pertence.

E porque, de qualquer modo – como prova a experiência –, ela sempre conhece inconscientemente a sua história (em virtude de uma comunicação entre seu inconsciente e o de seus pais). Assim, se for impedida de conhecê-la conscientemente, ela corre o risco, por um lado, de exprimir através de sintomas o sofrimento gerado por essa proibição, e por outro, de imaginar que é por ser monstruosa que a realidade lhe foi ocultada. Muitas vezes, como sabemos, falar com o filho sobre a técnica médica que lhe permitiu nascer é difícil para os pais. Isso porque, consciente ou inconscientemente, eles se sentem desvalorizados por isso. E estão enganados.

Dizer a um filho que, para tê-lo, a pessoa se submeteu à verdadeira corrida de obstáculos que implica a "reprodução medicamente assistida" não é confessar uma doença vergonhosa. É dizer a que ponto, e fosse qual fosse o preço a ser pago, ele foi desejado com todas as forças. E dar-lhe, assim, o apoio essencial para a construção de uma autoimagem valorizada.

Por outro lado, a criança precisa que os pais lhe falem da gravidez, dos meses durante os quais eles a esperaram, e que falem do seu nascimento, dos seus primeiros meses e anos de vida. A criança guarda em si a lembrança de tudo o que viveu, desde sua concepção. Mas essa memória é particular, porque é uma memória anterior às palavras, quase sempre sem imagens, inscrita no corpo e nas emoções. Ao falarem com a criança sobre as lembranças que guardam desse período, sobre o que viveram e o que viram a criança viver, os pais lhe permitem unir essa memória corporal e emocional ao universo das palavras, da fala, da linguagem. E, com isso, tecer um fio que, ligando-a a ela mesma e dando consistência ao "eu" que ela enuncia, será para ela, durante toda a sua vida, uma verdadeira coluna vertebral psíquica.

A criança precisa conhecer sua identidade, sua filiação, a história das duas linhagens de que proveio

Isso também lhe pertence. Sendo assim, recusar-lhe o direito de saber quem é seu pai ou sua mãe, recusar-lhe sua identidade, é um roubo.[12] Um roubo que uma sociedade civilizada jamais deveria permitir. Porque ele condiciona para sempre a vida da criança que é sua vítima. Sua vida, isto é, sua infância e sua vida adulta, e também a dos filhos que ela tiver e a dos descendentes deles. Condenados por um abuso de poder arbitrário e injusto a se chocar, indefinidamente, com um buraco mortífero em suas origens.

Da mesma forma, a criança deve poder saber o que se passou nas diferentes gerações das duas linhagens de que proveio (os acontecimentos importantes que ocorreram). Deve ficar apta a desenhar, se quiser, sua árvore genealógica. E não deve desconhecer nada sobre seus irmãos. Por exemplo, se morreu uma criança antes do seu nascimento, ela deve saber disso. Porque o filho morto não pertence apenas à tristeza dos pais. Pertence também aos irmãos e irmãs que nasceram depois dele, mesmo que as circunstâncias façam com que estes não o conheçam jamais.

Mais uma vez, lembramos, a criança sabe, inconscientemente. E, quando não lhe é dita a verdade, fica responsável por um silêncio que sempre lhe é por demais pesado carregar.

A criança deve ser informada do que acontece com as pessoas próximas

Dos acontecimentos felizes, é claro, mas também dos que não o são. Ela deve ser informada:

Das doenças de terceiros, quando são graves

A criança sempre sente a angústia que oprime a pessoa gravemente enferma. E sempre se inquieta com isso. Inquieta-se ainda mais na medida em que, privada de explicações, pode imaginar qualquer coisa. Inclusive que é ela a causa dessa angústia, que "a culpa é sua".

Na criança, tais interpretações não são raras. É que a criança pequena não conhece seus limites e é habitada pelo "pensamento mágico": acredita que basta pensar numa coisa para que esta aconteça. Portanto, acredita facilmente ser o centro de tudo e, em primeiro lugar, dos acontecimentos que ocorrem à sua volta.

Da morte das pessoas

A criança deve ser informada da morte de membros da família e de pessoas próximas, e ser informada assim que ela ocorre. É que, como já explicamos, ela sente e sabe tudo o que acontece. Os pais não se cansam de relatar isso em consultas, ao contarem como, por exemplo, quando hesitavam em anunciar a um filho ou uma filha a morte de sua avó, as crianças chegaram da escola pedindo notícias dela (o que nunca faziam)...

Não dizer a verdade a uma criança que sabe qual ela é, de qualquer modo, é deixá-la em desequilíbrio consigo mesma e, desse modo, gerar-lhe angústia.

E é, também nesse caso, cometer um roubo. Ao não dar informações à criança e ao negar efetivamente o laço que a ligava à pessoa falecida, rouba-se dela, simultaneamente à morte[13] de tal pessoa, esse laço. Assim, muitas vezes, adultos a quem se mentiu sobre o desaparecimento de um ente querido, quando eles eram pequenos, contam, dezenas de anos depois, no divã do psicanalista, o quanto se sentiram usurpados pelos adultos. Usurpação ainda mais difícil de viver na medida em que, em geral, eles a vivenciaram, justificadamente, como uma traição.

E que lhes roubou a confiança que tinham até aquele momento no mundo dos adultos, uma confiança que os tranquilizava. A simulação sempre prejudica o sentimento de segurança da criança. E modifica por muito tempo, às vezes para sempre, a sua visão do mundo.

Ao contrário, a criança a quem se admite dar a notícia adquire, graças a esse anúncio, o direito a sentir tristeza, falar dela e partilhá-la com os outros. Sente-se reconhecida, dotada de legitimidade e provida de um lugar completo em sua família. Sabe que tem importância, e que tem importância "de verdade".

Ser tratado como uma pessoa respeitável, quando se é pequeno, não é apenas ter o direito de partilhar as alegrias dos adultos. É também ter o direito de partilhar inteiramente as suas dores (quando se está implicado nelas). Além disso, ao contrário do que temem os adultos, se, por um lado, a criança pode ficar "traumatizada" com a mentira e o não dito, por outro, nunca se traumatiza com uma notícia ruim.

Como qualquer um, ela pode ficar surpresa e até chocada (se a notícia for particularmente inesperada), e sempre fica infeliz. Mas, quando é acompanhada e auxiliada pela ternura e pelas palavras dos pais, ela sempre sai enriquecida, amadurecida e munida de novas forças. É que esse acontecimento lhe permite ter a experiência da travessia humanizada de uma adversidade humana.

Da perda de um irmão ou irmã in utero *ou no parto*

A criança deve ser informada da perda (por aborto voluntário ou não provocado, morte *in utero* ou no parto etc.) de outra criança que poderia ser seu irmão ou irmã (e que o teria sido, se vivesse, mesmo que por algumas horas).

Como sempre, a criança sente o sofrimento dos pais e conhece sua causa, inconscientemente. Também disso as mães dão testemunho, ao contarem como, depois de um aborto espontâneo, elas viram, estupefatas e transtornadas, o filho ou a filha mais velhos – que não tinham sido informados do assunto – representarem, com bonecos ou bichos de pelúcia, uma cena que quase se confundiria com um parto...

Ainda, privada de informações, a criança pode, como noutros casos já evocados, imaginar tudo. E o faz ainda mais na medida em que, em geral, sente a gravidez da mãe muito precocemente.[14] É possível que se inquiete com ela e que, temendo não mais ser o único objeto de amor dos pais, fique até enciumada. A partir daí, habitada pelo "pensamento mágico" ("eu penso uma coisa e ela acontece!"), e se houver desejado inconscientemente que esse bebê não nascesse, ela pode se imaginar responsável por seu desaparecimento. Por isso, falar com a criança é indispensável para trazê-la de volta à realidade e tranquilizá-la.

A criança deve ser informada de alterações que venham a modificar sua vida

Uma mudança

Quando a família planeja se mudar, a criança deve ser prevenida desses planos e deve ser acompanhada, porque sempre é difícil viver esse acontecimento. Ela precisa que lhe expliquem o que estará deixando (sua casa, seu bairro, sua escola, seus amiguinhos...), mas também o que encontrará e os novos laços que vai tecer. A criança sempre se inquieta com a ideia de abandonar seu universo conhecido. Precisa ser relembrada de que os laços que a unem a esse universo são laços que ela soube construir. E que, portanto, saberá do mesmo modo tecer novos laços no lugar para onde for: "Você se lembra? Quando os seus amiguinhos Pedro e Paulo chegaram, você achou que eles nunca brincariam com você. E depois, eles não o largaram mais. Pois lá vai ser a mesma coisa..."

Além disso, a criança deve saber que "longe dos olhos" não significa, necessariamente, "longe do coração". Que ela poderá ser ajudada a escrever para os antigos amigos, telefonar para eles, mandar fotos (e recebê-las deles) e até, quem sabe, encontrar ocasiões para revê-los.

"Partir é morrer um pouco", diz a sabedoria popular. Um pouco, mas apenas um pouco, pois partir também pode ser um meio de renascer noutro lugar. A criança não sabe disso. É preciso ensinar-lhe.

A chegada de uma nova criança

A criança, como dissemos, percebe muito cedo que a mãe está grávida; assim, tão logo se sintam prontos para falar dessa gravidez,[15] os pais devem anunciá-la e tranquilizar seu filho ou filha.

Primeiro, dando (ou relembrando) explicações sobre sexualidade que lhe permitam compreender como esse bebê apareceu. Não é Papai Noel quem traz os bebês, nem tampouco o lobo mau, e eles não são trazidos pela cegonha. Saber a verdade traz segurança e é estruturante para a criança. Ao sabê-la, a criança pode compreender que o mundo não é um universo misterioso e mágico, no qual tudo – o melhor e o pior – pode acontecer a qualquer momento. Seu funcionamento atende a uma lógica que nada tem de sobrenatural e que pode ser explicada.

Além disso, a criança precisa saber que o bebê que está para chegar não tomará o seu lugar no coração dos pais, o que ela teme. E que também não tomará o seu lugar de filho mais velho – o que, por espantoso que possa parecer, a criança não se dá conta. É que, muitas vezes, ela imagina que o irmão ou irmã que vai chegar não apenas lhe roubará a afeição dos familiares, mas também a alcançará e até a ultrapassará.

Saber que o filho caçula ainda estará na escola maternal quando o mais velho já estiver na das crianças crescidas, que este será o primeiro a aprender a andar de velocípede etc., tudo isso dá à criança, no momento de aflição que ela atravessa, um sentimento necessário e bem-vindo de superioridade.

Por último, ela precisa saber que, embora sempre lhe seja proibido fazer mal ao bebê (o que a tranquiliza, por lhe assegurar que ela não ficará entregue sem qualquer limite a suas pulsões), ela nunca será obrigada a amá-lo. E poderá até detestá-lo, se vez por outra o achar muito "chato".[16] Os pensamentos, mesmo os mais agressivos, não têm o poder de matar, ou sequer o de ferir. Logo, não há por que temer aquilo que se sente, e menos ainda sentir culpa disso.

O divórcio

A partir do momento em que os pais decidem se divorciar, a criança deve ser informada: esse acontecimento lhe diz respeito no mais alto grau, pois modificará profundamente a sua vida. Mas ela não deve ser informada de qualquer maneira, porque o divórcio é o exemplo perfeito do assunto que, se quisermos abordá-lo com a criança de um modo que a ajude, pressupõe que tenhamos presente no espírito a questão do lugar dela.

Com efeito – é essencial relembrar –, a criança não deve saber tudo sobre o divórcio dos pais.

Deve saber que seu pai e sua mãe estão se separando não como pais (continuarão a ser pais para sempre e, mesmo separados, continuarão a cuidar juntos da educação dos filhos), mas como marido e mulher. Essa é a oportunidade de lembrar à criança que, antes de serem seus pais, o pai e a mãe (que ainda não o eram) foram um casal de "namorados". Que esses "namorados" se amaram e que ela, a criança, nasceu desse amor (informação que só lhe será compreensível se ela tiver sido previamente informada sobre a sexualidade).

E por que os pais estão se divorciando?

Porque, como casal, já não se amam o bastante para viverem juntos. O amor que um homem ou uma mulher sente por seus filhos é, de fato – a criança precisa saber disso –, um amor para a vida inteira: nunca se deixa de amar os filhos. Mas o amor entre os "apaixonados", tal como a amizade que se nutre pelos amigos (a própria criança decerto já terá tido essa experiência), pode não durar para sempre.

Portanto, quando os enamorados já não se amam o suficiente, eles se separam. E, um dia, talvez venham a refazer sua vida, cada um para o seu lado, com novos amores. É que os adultos – a criança deve aprender isso – não podem ser felizes vivendo apenas com seus filhos. Precisam partilhar a vida com outros adultos, amigos ou amores. A nova companheira e o novo companheiro do pai ou da mãe não serão, para a criança, sua nova mãe ou seu novo pai, porque, durante a vida inteira, só se tem uma mãe e um pai. Mas poderão morar na mesma casa e fazer seus cônjuges felizes, amando os filhos deles. E é possível que até eles próprios tenham filhos...

No entanto, quando os pais – por algum tempo, ou por muito tempo – permanecem sozinhos e sem novos cônjuges, nem por isso a criança é autorizada a substituir esses parceiros. Um menino ou uma menina não podem ser noivos de seus pais: ninguém se casa com os próprios pais. E, quando se é criança, também não se pode arcar com a pesada tarefa de consolá-los. Cabe aos pais ajudar os filhos a se curarem de suas tristezas. Mas, nessa matéria, não há qualquer reciprocidade possível: se os pais ficarem infelizes demais, devem procurar seus amigos adultos, ou adultos cuja profissão seja ajudar as pessoas que sofrem.

A criança deve igualmente aprender que o divórcio não é uma guerra, na qual, podendo cada um dos pais brigar pela obtenção de sua guarda, ela seria entregue ao mais forte entre os dois. Ela precisa saber que existe uma terceira pessoa, um juiz, que tomará essa decisão. Essa presença de um terceiro, investido de poder pela sociedade, é tranquilizadora para a criança, porque garante que o mundo é regido por leis (às quais todos, inclusive seus pais, estão sujeitos) que a protegem.

Por fim, a criança precisa que os pais falem para ela sobre sua vida futura, de como será esta depois do divórcio, pois é bom que comece a imaginá-la, a representá-la para si, a fim de domesticá-la. Por exemplo, ela terá duas casas, dois quartos. No começo, talvez isso lhe pareça difícil e até triste, porque pensar em mudar de vida é sempre complicado. Aos poucos, porém, ela se acostumará com essa nova vida, e talvez até descubra nela vantagens que não esperava – em especial a de não mais viver com pais que, por já não serem felizes juntos, discutam com (demasiada) frequência. A criança decerto tem a seu redor, em outros lugares, notadamente na escola, amigos cujos pais são divorciados e com quem ela pode conversar. Isso é importante porque, sem dúvida, antes do divórcio, esses amigos estiveram tão inquietos quanto ela. E hoje vão muito bem e podem dar mostras disso.

Uma vez fornecidas essas informações, os pais não têm mais nada a explicar, pois o que o filho deve saber do divórcio termina aí.

A criança não precisa saber de todos os detalhes sobre as divergências do casal. E não tem que ouvir confidências ("Não sinto mais desejo pelo seu pai", "Sua mãe me enganou" etc.), porque elas não dizem respeito à vida de seus pais, mas à do casal que eles formavam fora da relação parental. Remetem ao que acontece (ou deveria acontecer) entre as quatro paredes do quarto do casal. A criança não tem que saber nada sobre isso.

E é importante, caso ela continue a fazer perguntas e a insistir, lembrar-lhe o seu lugar, expressando claramente que suas perguntas sobre coisas que não lhe dizem respeito não serão respondidas. Esse limite é essencial, porque a experiência prova que é sempre quando se permite aos filhos saírem do seu lugar (conversando com eles sobre o que não lhes diz respeito, deixando-os ocupar um lugar que não é o seu etc.) que os divórcios correm mal para eles. É essa saída permitida do seu lugar, e não o divórcio em si, que, ao privá-los abruptamente de todos os seus referenciais, faz com que eles derrapem.

A criança deve ser informada do funcionamento do mundo

A criança precisa que lhe expliquem, além de sua pessoa e sua família, o mundo e a vida.

E como já foi dito, é necessário desde muito cedo que ela tenha informações sobre a sexualidade (a diferença entre os sexos, a concepção dos filhos, o papel do pai, a gravidez, o parto etc.). Essas explicações permitem que ela saiba de onde vem e para onde vai. E lhe tornam compreensíveis, como já sublinhamos, os acontecimentos que se dão em sua vida (novo filho, divórcio etc.).

Mas também é importante que lhe seja permitido compreender o que a cerca. As estações do ano, a natureza, os fenômenos climáticos, tudo isso são mistérios para a criança. A propósito de tudo o que vê e ouve, ela se faz perguntas, procura respostas, imagina. Por exemplo, vê a noite suceder o dia a cada anoitecer e lhe dar novamente lugar na manhã seguinte. Como pode ela saber, se não lhe dissermos nada, por que isso acontece? E o mesmo se aplica a todos os fenômenos, próximos ou distantes.[17]

O adulto precisa explicar as causas, ou, se não as conhecer, ajudar a criança a buscá-las (em livros, na internet etc.). Com isso, evita que ela se lance em construções imaginárias, das quais as crianças detêm o segredo e que podem ser muito angustiantes, e contribui para lhe despertar a inteligência. É que essa oferta de um saber que não é imposto, como o da escola, e sim adquirido por prazer, na companhia de um adulto amado, desenvolve a curiosidade da criança e a torna receptiva ao conhecimento.

Mas quando sente que suas perguntas deixam o adulto indiferente, que o irritam e o perturbam, ela renuncia a fazê-las. E, para não sofrer mais, muitas vezes bloqueia sua inteligência.

Assim, encontramos alunos malsucedidos na escola que são, na verdade, antigas crianças curiosas a respeito de tudo, cuja curiosidade e criatividade foram mortas pelo silêncio dos adultos.

A criança precisa ser informada das leis do mundo

Por último, a criança precisa conhecer as leis do mundo, as proibições (as quais só pode conhecer se lhes forem ensinadas), o sentido delas, a necessidade de respeitá-las e o que ela arrisca quando as transgride. Essa contribuição vinda dos pais é indispensável para que a criança se torne um ser civilizado, capaz de viver em sociedade e, por isso mesmo, um adulto feliz.

Quando ocorrem fatos particularmente marcantes (crimes, agressões sexuais contra adultos ou crianças etc.), que mobilizam os meios de comunicação, é importante falar deles com a criança. Indagar sobre o que ela sabe, o que pensa, as perguntas que formula. Dar a elas as informações necessárias a sua compreensão. Explicar, por exemplo, o que é um estupro: um ato sexual imposto a um(a) parceiro(a) sem levar em conta o seu desejo. O que é a pedofilia: o fato de haver homens ou mulheres que transgridem a proibição da sexualidade entre adultos e crianças. O que é o incesto: a transgressão da proibição da sexualidade entre membros de uma mesma família. E é importante lembrá-la (para que ela não tenha a impressão de estar vivendo numa selva) de que, se essas transgressões existem – em função de os adultos que as cometem não terem sido educados quando crianças –, elas são raras e severamente punidas pela lei. E que toda criança, se bem-informada e prudente, pode evitá-las.

Como falar?

Quando querem conversar com os filhos, muitas vezes os pais se perguntam: como falar?

Ainda que isso desagrade aos "especialistas" (ou supostos especialistas) que adotam como profissão ensinar o que deve ser dito, e sobretudo como se deve dizer, não existe um "modo de utilização da fala", uma "maneira certa" de dizer. Cada um fala como pode. Cada pai ou mãe deve falar com seu filho como puder. Com as palavras que lhe vierem. Mesmo que essas palavras não lhe pareçam estar à altura do que ele ou ela desejariam. Mesmo que pareçam mal-adaptadas ou canhestras. Não importa. Porque a criança não está interessada no "falar bem". Para ela, a única coisa importante é que os pais falem, que se deem o trabalho de conversar com ela. É que, agindo assim, eles estão lhe dizendo que a seus olhos a criança é um interlocutor válido, que tem importância para eles, o que é uma dádiva de valor inestimável.

Com efeito, a criança com quem os pais falam sempre os escuta além das palavras que eles enunciam e da significação dessas palavras. Através das palavras dos pais, ela ouve seu amor e a preocupação que eles têm com ela. Apoiada nas palavras dos pais, a criança sente-se reconhecida, respaldada, sustentada.

E o "falar bem" importa ainda menos, na medida em que a criança nunca ouve, realmente, o que se acredita ter lhe dito.

Ela o traduz para sua língua, sua sensibilidade, sua vivência infantil. Por isso, em vez de nos concentrarmos no "será que me expressei bem?", mais vale procurarmos identificar o que a criança compreendeu. Dando continuidade ao diálogo, na mesma hora ou mais tarde.

Os pais também temem, ao falar com os filhos, mostrar a eles sua emoção. Estão errados. Primeiro porque é impossível não demonstrá-la (como poderiam, estando tomados pelo medo, pela cólera ou pela tristeza, apagá-los de um só golpe, para falar calmamente?). E, sobretudo, porque esconder a emoção não faria o menor sentido para a criança. Na verdade, o que pensaria ela se visse os pais contarem que sua avó morreu num tom de alegria despreocupada, a pretexto de não a inquietarem? Em que universo absurdo ela seria abruptamente mergulhada? O que poderia compreender? Portanto, chorar ao anunciar uma notícia dolorosa ao filho não é grave. E é até importante. Permite que ele compreenda que é normal experimentar emoções, que as emoções são normais, que a tristeza é normal. E que até gente grande, essa gente grande que parece tão poderosa, pode ficar triste e chorar. Ver os pais emocionados e até transtornados mostra à criança que ela, por sua vez, não tem que se envergonhar de suas dificuldades e tristezas e não tem que escondê-las; que, ao contrário, pode falar delas sem medo.

Os pais também se inquietam, muitas vezes, quando querem falar com a criança de um problema importante e ela se comporta como se o que têm a dizer não lhe interessasse – como se nada estivesse acontecendo, cantarolando, fazendo barulho com os brinquedos etc. Assim, é comum eles acharem que se equivocaram. Que a criança não está interessada no que dizem, que não os escuta. Enganam-se. Em geral, é quando parece mais desatenta que a criança escuta com mais atenção. Sua agitação não expressa nenhum desinteresse. Ao contrário, é sinal de que ela compreendeu perfeitamente a importância do assunto abordado. E que se protege, mantendo-se ativa, da angústia que pressente que poderia invadi-la (mas que, ao longo da conversa, ela ultrapassará progressivamente).

Por fim, última questão dos pais, frequentemente eles se perguntam a partir de que idade podem conversar com os filhos. A resposta é simples: a partir do primeiro segundo da vida deles. Isso porque, apesar de não sabermos por quais vias misteriosas os bebês compreendem, a experiência comprova que eles compreendem o que lhes é dito. Quando um bebê angustiado não dorme, por exemplo, e as razões de sua angústia são descobertas num trabalho com os pais. Se essas razões lhe são ditas e ele recupera o sono, é por ter compreendido o que lhe disseram. O trabalho da psicanálise com bebês traz a comprovação disso dia após dia. E, mais uma vez, ao contrário do que se diz aqui ou ali, não há uma forma particular de falar com os bebês. Não há uma "língua dos bebês" que os "psis" possam ensinar. O bebê precisa que falem com ele, que as pessoas falem com ele da maneira que sentem, da maneira que podem, com as palavras que lhes ocorrem. E, por seus pais terem se arriscado a falar dessa maneira, o próprio bebê também poderá, um dia, encontrar, por sua vez, as palavras para dizer.

Falar como podemos significa falar de qualquer maneira?

É claro que não. Os pais, como dissemos, não têm que falar com os filhos a torto e a direito, de todo e qualquer assunto. Não têm que fazer da criança (como às vezes vemos acontecer) o ouvinte de monólogos que não lhes servem de nada, e que a negam em seu ser: "Como só tinha eu em casa, era para mim que minha mãe contava o que tinha para contar..."

A criança não tem que ser para os pais, mesmo que eles estejam esmagados pela solidão, um escoadouro para suas palavras sofridas.

E, acima de tudo, antes de falar com ela, é preciso escutá-la. Quando uma criança faz uma pergunta importante (por exemplo, "meu colega está com tal doença, ele pode morrer disso?"), é importante, antes de responder, perguntar o que ela própria acredita ser a resposta certa. O que ela acha? Por quê? Quem lhe disse? O que ela ouviu? Discernir o que a criança sabe, o que aprendeu ou imaginou, permite que o adulto não despeje sobre ela um saber geral, mas, ao contrário, que se baseie no que já a habita para fazê-la avançar em sua compreensão, ou, se necessário, desarticular suas ilusões ou enganos. Assim se pode instaurar um verdadeiro diálogo e, sentindo-se a criança compreendida, esse diálogo poderá prosseguir.

Falar com uma criança também pressupõe levar em conta a sua idade. Não podemos nos dirigir a um adolescente de quinze anos como a uma criança de três. Ele não é mais "bebê" (e sabe deixar isso claro, de vez em quando!). Mas também não podemos falar com uma criança de três anos como se ela fosse muito mais velha. É preciso respeitar sua sensibilidade, sua fragilidade: as coisas que são dolorosas para nós, adultos, são ainda mais penosas para ela que as está descobrindo. Portanto, é preciso dizer a verdade que deve ser dita sem deturpá-la, mas poupando a criança.[18] E dizer a verdade sem carregar na criação de imagens violentas e assustadoras demais (podemos explicar um tsunami sem descrever com deleite as pilhas de corpos carregados pelo mar...). Mas também sem nos prestarmos à criação de imagens muito fáceis de serem erotizadas pela criança. Falar sobre sexualidade, por exemplo, deve ser feito com pudor. A informação sexual nada tem a ver com filmes pornográficos.

E, sobretudo, convém não esquecer que, se existe a violência das pancadas, existe também a violência das palavras. Se algumas podem acertar na mosca, por devolverem a confiança ou nomearem prontamente algo que não se conseguia nomear, há também as que podem derrubar, muitas vezes em definitivo. As palavras têm poderes infinitos. Podem curar, mas também ferir. Podem dar vida ou matar. Matar a vontade, o desejo, a autoimagem, a vontade de viver. Esse poder da fala, reconhecido pelo adulto, é ainda maior para a criança. É que, por atribuir aos adultos um poder e um saber absolutos, ela sempre recebe sua fala como "a palavra do evangelho". E não tem nenhum modo de se defender dela.

Por último, lembramos, falar não é uma "conversa fiada", ou seja, palavras que os pais possam ficar dizendo e repetindo, quando deveriam agir: não se fala em vez de fazer. Quando dizemos a uma criança "se você continuar com isso, vai ficar de castigo", não temos que anunciar dez vezes. Falamos uma vez, às vezes duas, mas paramos por aí: se a criança continua, nós a punimos. Ou, para dizer de outra maneira, cumprimos a palavra. Cumprimos nossa palavra. Respeitamos o que foi dito, a palavra dada. E assim provamos à criança que as palavras têm sentido.

Ao contrário, quando, apesar de termos dito que agiríamos, continuamos apenas dizendo e repetindo, a ponto de nos desdizer, estamos mostrando à criança que as palavras realmente não têm sentido, uma vez que, sem problema algum, podemos dizer uma coisa e fazer o oposto. Em consequência disso, a criança fica perdida. Prisioneira de um mundo em que as palavras não correspondem a nada, não remetem a realidade alguma, ela flutua sem bússola nem referenciais.

Para não esquecer: um mundo em que ela não possa contar com as palavras é, para a criança, um mundo vazio de sentido e, por isso, angustiante. Não podendo confiar nas palavras, ela também não pode confiar nos adultos que as pronunciam. Assim, fica solitária e sem apoio, assombrada pelo rumor de uma fala cujas leis lhe escapam.

Uma fala à altura da criança?

Durante muito tempo houve versões "para crianças" da literatura adulta. Versões expurgadas, assepsiadas, que se acreditava estarem ao alcance delas.

Existe hoje uma literatura feita para as crianças, e este é um progresso formidável. No entanto, ainda não existe realmente (ou, pelo menos, ainda não há com frequência suficiente) uma fala completa que lhes seja destinada.

Ora falamos com elas colocando-as num pedestal e permitindo que se metam em tudo, dando a elas a ilusão (tão prazerosa quanto destrutiva) de dominar o mundo, lá da sua altura imensa, ora falamos de um modo que supomos adaptado à sua idade, mas que, de fato, é apenas afetado e condescendente. Condescendente porque o adulto, cuja altura o obriga a se abaixar para pôr o corpo à altura do corpo da criança, parece (sem que forçosamente o saiba) aproveitar para abaixar, ao mesmo tempo, o nível da sua fala.

Ao rebaixar seu discurso ao que acredita ser o nível da criança (um nível concebido, nem é preciso dizer, como muito inferior ao dele...), o adulto rebaixa a criança e, mesmo que não queira e não se dê conta, a humilha, fazendo-a perder a confiança que tinha nele. E assim, impossibilitando qualquer diálogo, ele a condena ao silêncio e à solidão.

Dessa maneira de conceber e de tratar a criança (que se aparenta, queiramos ou não, a uma forma de desprezo que se ignora) os adultos, de modo geral, estão a mil léguas de imaginar a violência. Repetindo sem saber o que eles mesmos sofreram na própria infância, imaginam, com a melhor das intenções, estar demonstrando solicitude, ou no máximo piedade, ao agirem dessa maneira.

Mas as crianças nunca se enganam. Inúmeras delas (como inúmeros adultos, aliás) atestam todos os dias, nos consultórios dos psicanalistas, os sofrimentos que esse tipo de relação é capaz de gerar.

E cada um de nós, quando aceita (mesmo sem análise) debruçar-se por um instante sobre sua infância, sabe que, muitas vezes, teve a oportunidade de passar por tais sofrimentos.

O "Correio das Crianças", que criei em 2006 na revista *Psychologies* (na qual eu já respondia, fazia longos anos, a um correio para adultos), nasceu de uma vontade de sair desse duplo impasse – baixo demais/alto demais –, dessa dupla armadilha. E de falar, ou pelo menos tentar, "à altura da criança".

Em outras palavras, de me dirigir a elas não como a miniadultos nem como a subadultos. Mas situando-as claramente em seu lugar, falar com elas à altura da sua compreensão, que é sempre muito mais elevada do que acreditam os mais velhos.

Ao criar esse correio, também era meu desejo fazer os adultos ouvirem a complexidade do questionamento das crianças, sua riqueza, sua singularidade, sua originalidade, a relação que elas mantêm com as ambiguidades da língua ("Por que meu irmão maior é menor do que eu?", perguntou-me um garotinho...). Era, igualmente, o de mostrar a esses adultos a possibilidade, a capacidade que eles têm de escutar as crianças e de responder a elas.

Sem terem estudos nem conhecimento específico, e sem terem feito para isso dez anos de análise. Simplesmente concordando em levar as perguntas delas a sério e se deixarem tocar por elas. Ou seja, permitindo que as perguntas atinjam neles a criança que foram e a necessidade apaixonada que tinha essa criança, como todas as outras, das palavras dos adultos. Um trabalho de memória, se podemos chamar assim...

A aventura desse correio – por que eu haveria de esconder? – não veio apenas de um procedimento intelectual. Ela me falava – e continua a me falar – particularmente ao coração.

Fazer as crianças serem ouvidas, fazer a infância ser ouvida é sempre, para um adulto (e mais ainda quando sua história o levou, como acontece com todos os psicanalistas, a ter que passar pelo tratamento analítico), uma maneira de fazer sua própria infância ser ouvida, de fazer justiça à criança que ele foi. Já evoquei isso a propósito de Françoise Dolto.

Pertenço à geração que foi a juventude de maio de 1968. Daquele período, hoje tão desacreditado, que assistiu à irrupção, à explosão na sociedade de um monumental e salutar desejo de liberdade. Um desejo que, para muitos dos jovens que éramos, cravava suas raízes numa revolta legítima contra a educação que havíamos recebido, contra a violência das proibições tão arbitrárias quanto desprovidas de sentido impostas por nossos pais, a violência da recusa da escuta e da fala. Adolescente, eu havia prometido a mim mesma, como tinham feito muitos outros, nunca esquecer. Não me esqueci. Essa memória, em ação desde sempre na minha prática de psicanalista, também está em ação no meu correio. E a experiência desse intercâmbio com as crianças tem sido rica e instrutiva. De fato, não se cansa de mostrar, mês após mês, a qualidade excepcional das perguntas delas. Ao mesmo tempo em que demonstra as dificuldades experimentadas diante delas pelos adultos.

Dificuldades de falar. Nas famílias, mas também fora delas. Porque, num mundo como o dos meios de comunicação, no qual uma coisa, desde que "funcione", é imediatamente copiada, o Correio das Crianças nunca o foi. Prova, se é que havia necessidade de alguma, de que sua imitação certamente não era fácil...

Mas dificuldades também de escutar. A seção "Crianças" desse Correio é realmente particular, pois pressupõe que os pais escutem as perguntas dos filhos, entendam a importância delas, sintam vontade de responder e, se não conseguirem (ou se desejarem outra opinião), aconselhem os filhos a enviá-las a mim (ou as enviem por eles, caso as crianças sejam pequenas demais para isso).

Ora, embora as perguntas dos adultos sobre problemas de adultos não parem de chegar, as perguntas das crianças são (quase) raras. Mas sem que se trate de desinteresse: os leitores da revista *Psychologies* apreciam o Correio e, em especial, sua seção "Crianças", como não param de dizer.

Então, o que concluir disso? Que apenas algumas raras crianças, particularmente animadas e dotadas, estariam em condição de fazer a seus pais perguntas passíveis de serem publicadas numa revista? É claro que não. Todas as crianças fazem perguntas, o tempo todo, e todas são importantes. Mas só podem ser reconhecidas como tais pelos adultos quando estes – rejeitando a ideia de que, emitidas numa língua que não é necessariamente a deles, e proporcionais ao tamanho reduzido das crianças, elas seriam de pouca importância – aceitam levá-las em consideração.

O "Correio das Crianças" demonstra isso: essa consideração pela pessoa da criança, a consideração por ela como um ser completo, ainda é muito difícil. A ideia de escutar as crianças e de lhes responder pode ser interessante e até sedutora. Mas esse interesse ainda não leva, na realidade do cotidiano, a que os adultos se ponham a escutá-las tanto quanto seria necessário.

Muitos pais, entretanto, já tomaram essa decisão. Seus filhos me enviaram suas perguntas, ou eles próprios se encarregaram de fazê-lo. Que recebam aqui o meu agradecimento. Este livro é dedicado a eles.

O correio das crianças

Por que existe gente que não tem casa? Isso me deixa triste...

Rose, 3 anos

O que você acha, Rose? Pergunto isso porque, às vezes, as crianças pensam que as pessoas que não têm onde morar estão na rua por terem sido más, e foram castigadas e expulsas de casa. Não é verdade, claro, mas é lógico pensar assim. Porque não ter lugar nenhum, nem mesmo um lugarzinho em que a pessoa possa ter um pouco de calor, não tomar chuva e, principalmente, ficar sossegada, é tão duro que pode nos fazer pensar num castigo muito severo. Mas, repito, não é isso. As pessoas que vivem na rua estão lá porque não têm dinheiro suficiente para ter uma casa, e porque não recebem ajuda, o que não é normal. Elas não têm dinheiro porque não têm trabalho. Não é que sejam burras ou não tenham coragem, mas é que não existe trabalho suficiente para todo mundo. E isso também não é normal. Você perguntou à sua mamãe se teria uma casa, mais tarde, ou se seria igual a essas pessoas. E disse a ela que não queria dormir na calçada, que isso lhe dava medo. Fique tranquila, Rose, você não será como eles. Talvez enfrente problemas, como todo mundo. Mas tenho certeza de que vai se arranjar. Por quê? Porque, aos três anos, graças a seus pais, que falam com você e a escutam, você já sabe que a pessoa pode encontrar ajuda, falando sobre aquilo que sente. Essa é uma força para a vida inteira, uma força que, muitas vezes, as pessoas da rua não têm, porque ninguém as escutou. E os problemas muito pesados, você sabe, quando ficam na cabeça, podem fazer a pessoa cair muito. Cair tanto a ponto de ficar na calçada…

Por que eu fui adotada?

Dorothée, 6 anos e meio

Você foi adotada, Dorothée, porque seus "pais de nascimento", o pai e a mãe que lhe permitiram vir ao mundo, não puderam ficar com você. (Se você não sabe como um homem e uma mulher fazem para trazer uma criança ao mundo, precisa pedir que lhe expliquem. Isso é muito importante.) Por que eles não puderam ficar com você? Não sei, é claro. Talvez seus pais adotivos saibam. Mas pode ser que não, porque, muitas vezes, não temos informações exatas. O que sabemos é que nunca é pelo fato de um bebê não ser bonito, não ser legal ou não ser inteligente que seus "pais de nascimento" não ficam com ele. É que eles estão num momento da vida em que não poderiam cuidar do bebê como devem. Às vezes, é por serem muito pobres e não poderem nem mesmo alimentá-lo, ou por serem jovens demais, e coisas assim. Agora, como esse filho é importante para esses pais, que querem que ele possa ter uma vida boa, eles o confiam a um lugar que foi feito justamente para isso: um orfanato onde vão cuidar do bebê e procurarão para ele pais que possam amá-lo e criá-lo. E esses pais, esses pais "adotivos", são pessoas que queriam muito ter um filho, mas não conseguiram. Eles têm coração de pais e cabeça de pais, que funcionam muito bem. Mas seu corpo de pais não quer funcionar. Assim, eles pedem o direito de adotar um filho. Quando recebem esse direito, vão a um orfanato e são apresentados a uma criança que não tem pais. Eles se encontram e aprendem a se conhecer. Quando tudo corre bem, eles adotam uns aos outros. Os pais adotam a criança. E a criança adota os pais. Os adultos se tornam seus "pais adotivos" e ela os coloca no coração, ao lado dos seus "pais de nascimento". E é uma história bonita. Porque é uma história em que as pessoas se escolhem para se amar por toda a vida. Tenha uma boa vida, Dorothée!

Por que não posso ver televisão de manhã?

Isis, 3 anos e meio

Acho que seus pais, Isis, como muitos pais, não querem que você veja televisão antes de ir para a escola porque a televisão não é a vida "de verdade". É vida "de mentirinha". Os filmes a que você assiste na televisão, os desenhos animados, eles contam histórias que não podem acontecer de verdade. Histórias com animais que falam, por exemplo; que andam sobre duas pernas, como os seres humanos, que se vestem como pessoas de verdade; e por aí vai. É muito bom que essas histórias existam, porque elas nos permitem sonhar, quer dizer, contar uma porção de coisas na nossa cabeça. Mas, sabe, se passarmos tempo demais sonhando, não vamos conseguir viver de verdade. É como se a gente morasse no céu, numa nuvenzinha. Não conseguimos mais descer à terra para falar com os outros, para brincar e para aprender coisas na escola. E, principalmente, quando estamos diante da televisão, ficamos tão entretidos que esquecemos quem somos. É como se entrássemos no filme e virássemos o urso ou o coelho que estamos vendo... As crianças que assistem demais à televisão depois sempre têm dificuldade nas tarefas da escola. É porque continuam no filme, dando a impressão de que ficam esperando que a professora ponha imagens nos olhos delas. Mas a professora não trabalha com imagens "de mentirinha". A professora diz palavras de verdade para que ouvidos de verdade as escutem, e para que bocas de verdade respondam a ela. A professora não é uma televisão, e a escola é de verdade. Por isso, não podemos misturar tudo. Quer voltar a conversar sobre isso com seus pais?

Quem decide o que é certo?

Roman, 8 anos

Creio, Roman, que é preciso diferenciar dois tipos de "certo". Primeiro, existe o que achamos "certo" de acordo com as ideias que temos (e que nos parecem certas). Por exemplo, quando achamos certo que ninguém seja obrigado a dormir na rua, nós achamos certo construir casas suficientes para todo mundo. Esse "certo" é um "certo" que pode ser discutido, porque depende de uma opinião que temos o direito de ter ou não ter. Podemos achar que as pessoas que não têm essa opinião são burras ou más, e lutar contra elas. Mas elas têm o direito de pensar de maneira diferente da nossa. Isso não é proibido. E depois, existem coisas que são "certas" porque devem ser aceitas por todo o mundo, para que a vida seja possível. Por exemplo, é certo que seja proibido matar ou roubar os outros. Porque, se isso não fosse proibido, não poderíamos sair de casa sem perigo. Da mesma forma, é proibido ter relações amorosas e casar dentro da própria família. E isso é certo porque, se não fosse proibido, não poderíamos mais saber quem somos e qual é o nosso lugar. Uma filha, por exemplo, poderia se casar com o pai, e seria, ao mesmo tempo, mulher e filha dele. E os filhos dos dois teriam a mesma pessoa como pai e como avô. Já imaginou a confusão, para a pessoa se encontrar? Seria impossível! Por isso, esse "certo" – que é o das leis – não é uma questão de opinião pessoal. Ele foi decidido, ao longo dos séculos, pela totalidade dos homens, e passou a ser transmitido de geração em geração.

Por que às vezes a gente gosta dos pais e às vezes não gosta?

Baptiste, 5 anos e meio

É muito importante a sua pergunta, Baptiste! É tão importante, até, que muitos adultos a fazem. Porque gostar dos outros e, às vezes, não gostar mais, não é uma coisa que aconteça só com as crianças e seus pais. Mas também com as crianças entre si (nunca aconteceu entre você e seus amiguinhos?). E também com os adultos e seus amigos, e até seus amores. As pessoas de quem mais gostamos, há dias em que não gostamos mais delas, nem um pouquinho, e em que até as detestamos. Porque elas nos irritam muito, por exemplo. E sabe por que elas nos irritam? Porque não são iguais a nós. Não pensam a mesma coisa que nós. Não querem as mesmas coisas que nós, ou então não as querem na mesma hora, e por aí vai. E, nesses momentos, nós a detestamos, porque somos obrigados a perceber que elas são mesmo diferentes de nós e que, ainda por cima, nunca vamos conseguir mudá-las. E é claro que com os pais isso é ainda pior, porque, como eles dão as ordens, quando eles não estão de acordo, não é brincadeira! Como pode ver, Baptiste, creio que você acaba de descobrir uma coisa importante da vida. Será preciso aprender, como todo mundo, a conviver com isso. E nem sempre será fácil, porque nunca aceitamos completamente essa diferença dos outros. Mas assim mesmo, com o passar do tempo, você vai ver que a gente se acostuma um pouco, e isso ajuda!

Por que sempre tenho medo que a vovó morra?

Elsa, 8 anos e meio

Você me disse, Elsa, que desde a morte do seu avô tem medo o tempo todo de que sua avó morra, de que aconteça alguma coisa com ela de noite, de que não possam salvá-la etc. E me perguntou se isso é normal. Não. É normal refletir sobre a morte. Principalmente quando tomamos conhecimento dela pela primeira vez. E a morte do seu avô (quatro anos atrás) talvez tenha sido a primeira com que você se deparou. Mas, passado esse momento, que pode ser muito perturbador, é preciso aceitar que ela existe. Essa não é, certamente, uma perspectiva muito alegre, mas, de qualquer modo, é preciso saber que, exceto nos casos de doenças muito graves (que, hoje em dia, cada vez mais têm cura), as pessoas só morrem quando ficam muito velhas. Assim, sua vovó morrerá antes dos seus pais. Eles, por sua vez, morrerão antes de você, que morrerá antes dos seus filhos, que morrerão antes dos deles etc. Essa é a cadeia da vida, ela é assim. Portanto, você verá sua avó morrer. Mas, por enquanto, ela está viva, com saúde, e não mora lá onde o diabo perdeu as botas. Logo, se lhe acontecer alguma coisa, ela poderá chamar os vizinhos ou os bombeiros. Por isso, em vez de pensar no desaparecimento dela, melhor seria você aproveitar a presença dela. Por que você não consegue? Não sei. Talvez isso esteja ligado ao que você viveu quando seu avô morreu (falaram bastante disso com você?). Ou, então, pode estar ligado a um medo que sua própria avó tem, que você sente sem perceber e deixa você com medo também. Ou a alguma inquietação dos seus pais. Acho que seria bom você conversar com eles sobre isso. Quer tentar?

O que existe depois da morte?

Valentine, 12 anos

Você me disse, Valentine, que pensa muito nessa questão, mas que sua irmã mais velha a aconselhou a não tentar descobrir a resposta. Isso é esquisito. É como se ela achasse que é perigoso. Meio parecido com aqueles filmes, sabe, em que um feiticeiro diz, com voz cavernosa: "Não procure saber o que há atrás dessa porta, minha filha..." Que medo! Fique tranquila. Não há perigo nenhum. Pensar na morte nunca fez ninguém morrer. E, além disso, essa pergunta é uma daquelas que a humanidade sempre se questionou. Se fosse perigosa, saberíamos! Mesmo assim, o que acontece depois da morte, disso nós nada sabemos. É que, como diz a sabedoria popular, nunca ninguém voltou para nos contar. Portanto, em linhas gerais, existem duas escolas de pensamento. Algumas pessoas acreditam que depois da morte não há mais nada. A pessoa deixa de existir. Aqueles que a amam fazem o seu enterro. O corpo dela volta à terra e seu espírito desaparece. Outras, ao contrário, acham que esse espírito não desaparece e que, depois da morte, inicia uma outra vida. Essas crenças são as das religiões. E seria bom, aliás, você procurar (na biblioteca, por exemplo) livros para compreender como cada religião vê a morte. De qualquer modo, repito, nenhuma dessas concepções religiosas é comprovada pela ciência. Trata-se de crenças (pensamos que algo é verdadeiro, mas não podemos provar). O que é certo, e que posso acrescentar, é que sempre resta algo do ser humano depois da sua morte. Resta a lembrança que os parentes próximos guardam dele, na cabeça e no coração. Uma lembrança que, por pensarem e falarem nela, eles podem transmitir às gerações seguintes.

Por que os namorados gostam de se beijar na boca, se eu acho isso nojento?

Laurie, 8 anos

Creio que podemos responder à sua pergunta de duas maneiras, Laurie. Primeiro, podemos responder fazendo-a observar que é sempre muito difícil julgar uma coisa de fora. Isso porque, de fora, podemos imaginar, supor o que as pessoas sentem, mas, na verdade, não sabemos nada. Principalmente quando aquilo que vemos é uma coisa que nós mesmos nunca vivemos. E isso vale para tudo. Por exemplo, se você vê na televisão um atleta, homem ou mulher, fazendo esforços terríveis, talvez ache que eles estão sentindo isso ou aquilo ("Isso deve ser difícil! Isso deve doer!"). Mas, para saber de verdade o que acontece, quando levantam um peso enorme ou quando tentam dar um salto mais alto ainda, seria preciso perguntar a eles. E nenhum deles, sem dúvida, responderia a mesma coisa...

A segunda maneira de responder a você é dizer que os beijos na boca são coisas que os apaixonados fazem, mas que as pessoas ainda não têm vontade de fazer na sua idade. Não porque sejam bobas ou bebês, mas simplesmente por não terem ainda chegado ao momento da vida em que terão vontade de dar beijos. Assim, por enquanto, para você, os beijos na boca são... eca! Talvez você mude de ideia mais tarde (ou talvez não... gosto não se discute!). E além do mais, sabe, você vai perceber que existem coisas de que gostamos quando estamos apaixonados, embora pensássemos que jamais gostaríamos. É uma espécie de milagre, e também de mistério. Não conseguimos explicar (tanto melhor!), mas podemos descobrir. Eu espero, Laurie, que mais tarde você faça muitas descobertas.

Por que tenho medo de terremoto?

Isabelle, 6 anos

É normal você ter medo de terremotos, Isabelle. Porque eles são acontecimentos terrivelmente impressionantes, já que aquilo de que temos mais certeza, o chão em que pisamos, de repente se parte em pedaços. É apavorante! Mas seus pais têm razão: em Paris, você não corre nenhum risco. Porque – com certeza, eles lhe explicaram isso – os terremotos não acontecem em qualquer lugar. Mas em regiões em que algumas camadas, embaixo da terra, não são estáveis. (Você pode compreender isto empilhando torradas, por exemplo, uma em cima da outra. Se a de baixo escorregar ou se quebrar, a pilha inteira desmorona!) E essas regiões são conhecidas pelos cientistas. Na Itália há lugares assim, mas em Paris não. Então, sabendo disso, por que você ainda tem medo? Não sei. Talvez seja por ter visto demais na televisão as imagens da Itália. E as imagens, você sabe, são uma coisa terrível. Porque, quando olhamos para elas, é como se entrássemos nelas. Como se passássemos a ser as pessoas que vemos. Sofremos igualzinho a elas, sentimos o mesmo medo. E depois, às vezes, é difícil voltarmos a ser nós mesmos. Como podemos fazer isso? Cada um tem o seu método. Tem gente que se obriga a respirar bem fundo para se reencontrar. Outros fazem como os cachorros quando estão molhados. Você já viu como é? Eles se balançam com muita força, para todos os lados. Isso se chama "sacudir-se". E aí, pronto, ficam sequinhos! Tenho certeza de que você vai encontrar o seu próprio método para expulsar as ideias ruins e os pesadelos. Quer tentar?

É muito grave o meu pai não arranjar emprego?

Éole, 9 anos

O problema, Éole, é saber o que "grave" quer dizer para você. Porque atrás da palavra "grave" podemos juntar muitas coisas que não têm a mesma importância, de modo algum. Por exemplo, falamos – e é justificável – de doença grave, quando ela põe a vida da pessoa doente em perigo. Mas também podemos considerar que é grave ter esquecido a caneta (embora isso seja apenas chato). E, além disso, o que complica ainda mais as coisas é que existe o "grave" das crianças e o dos adultos, que não são iguais, de jeito nenhum.

Uma criança pode pensar que o problema dos seus pais é muito grave porque não sabe como resolvê-lo. Eles, no entanto, com sua experiência de adultos, são perfeitamente capazes de achar a solução. E, por outro lado, muitas vezes os adultos se esquecem de que certas coisas que parecem sem importância na idade deles (uma briga na escola, por exemplo) podem ser graves para as crianças.

Tudo isso é para lhe dizer o quê? Que perder o emprego é grave, sem dúvida, porque precisamos dele para viver. Logo, os seus pais estão inquietos, e você sente isso (e seria bom conversar com eles sobre o assunto). Mas não quer dizer que seu pai não vá arranjar um emprego. Com certeza, ele é muito competente na profissão que exerce. A empresa o demitiu porque estava passando por dificuldades (o que é frequente, hoje em dia). Ele encontrará outro emprego. Confie no seu pai, Éole, e pare de se preocupar. Tenho certeza de que ele vai se sair bem dessa.

Por que não posso ter uma chave para entrar em casa sozinho quando volto da escola?

David, 8 anos

Por uma razão evidente, David: porque você é muito pequeno para ficar sozinho em casa, todos os dias, até seus pais chegarem. Não ficou contente com a minha resposta? Isso não me surpreende. Ainda mais que ela se parece, com certeza, com as que você já ouviu. Então, para não haver mal-entendidos, vou explicá-la. Quando eu digo que "você é muito pequeno", isso não quer dizer que "você não passa de um bebê, não podemos levá-lo a sério nem confiar em você". Longe disso.

Quando temos oito anos já não somos mais um bebê há muito tempo. Somos capazes de tomar iniciativas e de pensar sozinhos, com nossa cabeça. Aliás, você prova isso, ao me escrever. Aos oito anos, já somos grandes o bastante para algumas coisas, mas ainda não para outras. E essa não é apenas a opinião dos seus pais, ou a minha. A lei, por exemplo, proíbe que vejamos certos filmes antes dos dez anos, dos doze anos etc. Por quê? Porque não somos inteligentes o bastante? É claro que não! É que ainda não vivemos experiências suficientes (podendo refletir sobre elas, depois) para ser capazes de enfrentar, sem sentir muita angústia, o que esses filmes mostram.

Ficar sozinho em casa, todos os dias, é a mesma coisa. É preciso poder enfrentar alguns perigos eventuais (numa cidade, eles sempre existem). E, acima de tudo, é preciso ser capaz de organizar sozinho, todos os dias, o seu tempo (de fazer dever de casa, de descansar etc.). Todas as crianças que são obrigadas a fazer isso contam, depois que passa a euforia da liberdade, que é muito difícil. Portanto, continue a crescer no corpo e na cabeça. E, daqui a alguns anos, você poderá fazer sem problemas tudo o que ainda não pode fazer hoje.

Por que meu pai já não quer nem dizer bom-dia a minha mãe, depois que eles se separaram?

Raphael, 12 anos

Não sei, Raphael. Mas sei que, quando um homem e uma mulher se separam, às vezes eles passam algum tempo (ou até muito tempo) aborrecidos um com o outro. Isso lhe parece estranho? Pois não é. Um homem e uma mulher se casam porque se amam. Têm vontade de viver juntos, de ter filhos etc. É o caso dos seus pais. E depois, pode ser que um dia eles não se amem mais. Porque o amor dos apaixonados (o amor dos adultos) é um amor que pode não durar. E isso é diferente do amor dos pais pelos filhos, que não acaba nunca.

O que acontece nesses casos? O homem e a mulher já não ficam contentes vivendo juntos. Então, brigam por tudo e por nada. Por coisas importantes e por outras sem importância. "Por que você não comprou o pão?", "Por que você sempre deixa as meias jogadas?"... Às vezes eles chegam a se reconciliar, voltam a ficar apaixonados, mas às vezes não. Então, se separam. Às vezes isso os acalma, às vezes não. E, nesse caso, quando se encontram depois da separação para cuidar dos filhos, eles continuam a bancar o antigo casal aborrecido. "Eu continuo irritado com você! Aliás, não quero nem lhe dizer bom-dia!", e por aí vai. Conclusão? As birras do seu pai e da sua mãe são os velhos problemas deles de casal. Você não tem nada com isso. E, mesmo que elas aconteçam na sua frente, não têm nada a ver com você. Deixe que eles se arranjem sozinhos. Já são bem grandinhos. E quanto a você, cuide da sua vida, da escola, dos amigos e das namoradas. Cresça inteligente e feliz. Essa é a única coisa que importa. E, além do mais, você vai ver, eles se orgulharão de você!

Por que o papai fuma, se isso faz mal à saúde?

Guillaume, 7 anos

Podemos responder à sua pergunta de duas maneiras, Guillaume. Primeiro, dizendo que seu pai fuma porque é adulto e, por essa razão, tem o direito de fumar. De fato, os adultos (lembro isso a você porque nunca é demais...), por serem mais velhos, têm o direito de fazer uma porção de coisas que são proibidas às crianças. Fumar faz parte delas, como dirigir automóveis casar ou assinar cheques. Então, eles têm privilégios (pelo menos as crianças muitas vezes os veem assim...), o que é uma boa razão para se ter vontade de crescer. Mas nem por isso os adultos têm todos os direitos. Eles devem respeitar as mesmas regras de vida que as crianças. E, ainda por cima, têm muito mais deveres do que elas. Porque crescer é isso: ter cada vez mais direitos e, ao mesmo tempo, cada vez mais deveres... Então, dito isso, será que é bom o seu pai fumar, mesmo tendo esse direito? Não, é claro que não. E ele sabe disso, sem dúvida alguma. O problema é que, depois que se começa a fumar, é muito difícil parar, mesmo que a pessoa queira muito. O corpo e a cabeça adquirem o hábito do cigarro. É como um colega muito chato, que incomoda, mas que a gente não consegue largar. Então, quer um conselho? É o mesmo, com certeza, que seu pai e sua mãe já lhe deram: como você tem a sorte de ter pais que lhe explicam as coisas (o que talvez não tenha acontecido com seu pai), nunca comece a fumar. É muita bobagem a gente se deixar "mandar" por um trequinho cheio de fumo!

Por que o papai nunca ajuda a mamãe em casa?

Elsie, 9 anos

Porque o seu pai (que com certeza é ótimo em outras coisas) faz como muitos outros pais que, embora em todas as outras coisas da vida ajam como homens de sua época (usam carro, telefone, internet etc.), quando o assunto é tarefas domésticas, ainda se comportam como seus bisavós. Eu explico. Nós vivemos, Elsie, numa época e num país em que as mulheres têm os mesmos direitos que os homens. Mas nem sempre foi assim. Não faz muito tempo, as mulheres não ocupavam na sociedade um lugar pleno. Não tinham direito de votar, de ter contas em bancos, e por aí vai. Muitas delas não trabalhavam fora. Ficavam em casa, cuidando dos afazeres domésticos e dos filhos. Já os homens trabalhavam fora e ganhavam dinheiro para sustentar a família. Assim, quando eles voltavam para casa, no fim do dia, nem pensavam em cuidar da louça e da arrumação... Os tempos mudaram, mas as ideias ainda não. As mulheres de hoje trabalham como os homens. Mas as pessoas continuam a achar que são elas que, ao voltarem do trabalho, devem fazer tudo dentro de casa. Mas isso não é normal. É preciso que isso mude. Não é que os homens devem se disfarçar de mulheres e as mulheres, de homens. Mas, sim, que cada um, permanecendo em seu lugar de homem ou de mulher, divida com o outro o trabalho doméstico. É uma bela batalha para o futuro, não acha?

Por que eu sempre tenho dificuldade de escolher?

Lulu, 11 anos

Porque escolher é difícil, Lulu. Para todo mundo, até para os adultos. É difícil, primeiro, porque para escolher é preciso saber do que gostamos e do que não gostamos, o que queremos e o que não queremos. E isso uma criança não sabe ao nascer. Tem que aprender. E não aprende com discursos bonitos. Aprende na vida, no dia a dia. Por exemplo, quando os pais deixam a criança decidir a cor das meias que vão comprar para ela. Quando há batatas e cenouras na mesa e eles perguntam à filha o que ela prefere, ela aprende a refletir, a saber do que sente mais vontade e a escolher. Mas, quando os pais sempre decidem tudo por ela, na hora que tem de escolher sozinha, a criança fica perdida. A coisa parece impossível. Mais até que impossível, aliás, já que, muitas vezes, os pais se irritam e dizem: "Está vendo, você não sabe o que quer! Vou escolher por você." O que é injusto. Além disso, mesmo que a pessoa tenha tido a sorte de aprender a decidir, escolher é difícil, porque sempre temos que deixar alguma coisa de lado. Se optamos pelo bolo de chocolate, não ficamos com o sorvete de morango (e vice-versa). É duro. Porque, na maioria das vezes, se a gente fizesse o que tem vontade, ficaria com os dois. E, na vida, isso é impossível. Não podemos morar em Lyon e em Marselha. Não podemos ser padeiros e corredores de ciclismo. É preciso escolher. É isso, Lulu. Agora você só tem que pensar nisso tudo e começar a escolher. Você vai ver. A gente consegue!

Por que as crianças pequenas implicam comigo?

Victor, 10 anos

Tenho a impressão, ao ler a sua pergunta, Victor, e o bilhetinho da sua mãe, que você não é um menino muito feliz. E acho que seria bom tentarmos compreender por quê. Você me disse que, na hora do recreio, as crianças do maternal e do quarto ano (você está no quinto ano) implicam com você. Dizem nomes feios, e você não entende por quê. Isso já é esquisito. É que todas as crianças dizem nomes feios. Então, o que isso significa? Que você nunca disse nenhum? Eu não me surpreenderia, porque a sua mãe me contou que você é um menino solitário, que passa o recreio sozinho. Ela acha que é porque todos os outros jogam futebol e você não gosta de futebol, mas me parece que isso não é tudo. Há muitos meninos que não gostam de futebol e que, mesmo assim, têm colegas com quem conversam, que convidam para a casa etc. Você, não. E isso é um problema, porque os colegas, sabe, são a escola da vida. E essa escola é tão importante quanto aquela em que se aprende a ler e a escrever. Portanto, seria bom você tratar disso, o que certamente evitaria que os menorezinhos ficassem de implicância. É possível, na verdade, que eles façam isso por acharem estranho um menino crescido que fica sozinho. Para os mais novos, os mais velhos são modelos que eles admiram. Assim, um menino grande que não é igual aos outros os deixa inquietos. E, às vezes, implicar é uma maneira de perguntar a ele: por que você é assim? Creio que seria bom o seu pai e a sua mãe o ajudarem a compreender essa solidão, que faz mal, e a se livrar dela. O que você acha?

Será que escolhemos a vida que levamos depois, quando adultos?

Luna, 11 anos

Aí está uma pergunta danada, Luna, dificílima de responder! No meu trabalho de psicanalista, é verdade, recebo crianças, assim como adultos, que me procuram porque estão infelizes e não querem mais continuar assim. Então, procuramos juntos a origem dessa infelicidade que está dentro deles, embora eles não a queiram. E é comum descobrirmos que ela os invadiu porque, na sua vida de crianças, houve coisas que foram difíceis. Eles não eram amados, por exemplo, ou não eram ajudados a enfrentar as dificuldades da vida. Assim, toda vez que surgia uma dessas dificuldades, não sabiam enfrentá-la. Uma observação desagradável de um professor, as gozações de um colega, a namorada que não os queria, tudo se transformava num drama. Cada um desses episódios lhes tirava a autoconfiança, e eles se tornaram "inseguros de si", embora não tivessem feito essa escolha. Portanto, como você vê, há em cada um de nós uma parte que não escolhemos, e que traz o risco de nos levar a fazer escolhas para nossa vida que não faríamos, se essa parte não existisse. E essa é mais uma razão para escolhermos tudo o que for possível, sem problemas: escolhermos. E podemos escolher uma infinidade de coisas: aquilo de que gostamos, o que pensamos, a profissão que queremos ter, a maneira como queremos viver, o tipo de amigos e amores que queremos para nós. Se desejamos ou não ter filhos, e de que maneira os criaremos etc. Sim, Luna, podemos escolher nossa vida de adultos. E você já é gente grande (na sua cabeça), já que está me fazendo essa pergunta. Eu lhe desejo uma vida maravilhosa!

Minha irmãzinha me rejeita o tempo todo. Por quê?

Jeanne, 6 anos

Ao ler o que você escreveu, Jeanne, eu me perguntei o que faziam seus pais. Na verdade, você tem uma irmã de doze anos e outra de dois. A maior a maltrata com frequência. Sem dúvida por ainda estar meio enciumada, como quando você nasceu... E também porque, provavelmente, você a lembra muito de como ela mesma era aos seis anos. E porque, aos doze anos, a pessoa quer ser adulta e ficar longe da própria infância. Nada disso é muito grave. O mais grave é o que está acontecendo com a sua irmã caçula. Ela não suporta que você se aproxime da sua mãe, grita, morde e belisca você, e assim por diante. Por que seus pais deixam que ela faça isso? É muita crueldade com você. Mas também é muito ruim para ela. Com certeza, ela se acha a dona do mundo, quer ser a única, ocupar o lugar todo, ter todo o amor da sua mãe. Na idade dela, isso é normal. É que, aos dois anos, a pessoa ainda não conhece as leis do mundo. Mas, se os seus pais não lhe ensinarem essas leis, o que ela vai fazer quando for para a escola? Vai arranhar e morder os outros alunos, feito um gato ou um cachorro? Vai comprar uma metralhadora para matá-los e ficar com a professora só para ela? Isso vai mal. Peça a seus pais que façam alguma coisa. E, já que ela rejeita você, pare de chamá-la para brincar. Diga que ela não passa de uma tampinha e que você vai brincar com colegas da sua idade. E seria bom, aliás, você perceber um pouco mais que, aos seis anos, já está crescida. A propósito, por que sua mãe escreveu por você uma parte da carta? Você escreve muito bem. Poderia escrevê-la sozinha. Quer pensar nisso?

Por que eu fico furioso quando não sei uma coisa?

Basile, 5 anos

Porque você é um ser humano, Basile. E todos os seres humanos têm dificuldade de aceitar seus limites. Todos nós gostaríamos de ser o maior, o mais bonito, o mais forte, o mais inteligente. E tudo isso sem esforço, como se fosse com uma varinha de condão. Uma batidinha na testa e pronto!, vejam só, eu sou o rei do mundo! É evidente que isso é impossível, mas é uma coisa que temos dificuldade de admitir. Ainda mais na sua idade. É que, quando somos pequenos e não sabemos alguma coisa, sempre imaginamos que é porque somos burros. E que todos os outros (e principalmente os adultos) não têm esse problema, porque eles, sim, sabem tudo, desde sempre. E aí nos sentimos humilhados, infelizes e, como você, furiosos. Mas tenha certeza, nada disso é verdade. Na realidade, quando um pequeno ser humano chega ao mundo, ele não sabe nada. Por que a lua? Por que o sol? E a noite? E a manhã? E as pessoas? E os barulhos? Ele tem que aprender tudo. Tudo o que é necessário para se arranjar na vida: andar, falar, vestir a roupa. E depois disso: ler, escrever, fazer contas etc. É difícil para todo mundo, e sempre toma muito tempo. Mas isso não é grave.

Ao contrário. Porque aprender é ser como um explorador que chega pela primeira vez a um país que ele não conhece. Ele erra o caminho muitas vezes, mas faz milhares de descobertas. Assim, da próxima vez que você não souber uma coisa, não fique com raiva. Diga: "Eu não sei? Legal! Vou poder aprender!"

Tenho medo de dormir no meu quarto. Por quê?

Yves, 12 anos

A carta que você me escreveu não é sua, Yves, porque, evidentemente, é uma carta de adulto. Logo, sua mãe certamente a ditou. E se estou respondendo, apesar disso, é porque fiquei muito preocupada com você. Seus pais se separaram há muito tempo. Você mora com sua mãe. E como sente medo no seu quarto, dorme no dela. Aí está um problema de verdade. Porque esse não é o seu lugar. E quando a pessoa não fica no seu lugar, cresce com alguns contrassensos na cabeça. Portanto, seria preciso resolver isso. Mas, para explicar a situação, "alguém" me dá razões bizarras. Na verdade, tudo seria culpa da sua madrasta (a segunda mulher do seu pai). Ela o teria deixado com medo, quando você era pequeno, fazendo-o acreditar que era feiticeira. Isso teria provocado angústia e até paranoia (nada menos!) em você. E "alguém" me fornece como prova os pesadelos que você tem, os quais "alguém" analisa nos mínimos detalhes. Bom... Não conheço sua madrasta, Yves, mas o que entendo é que a sua mãe tem muito, muito ciúme dela, e você está sendo refém desse ciúme. Tudo o que acontece na sua cabeça e na sua vida é usado para condená-la. Assim, você não tem o direito de ser o menino que é e de pensar por si mesmo. Tem que ser o que a sua mãe imagina. Um personagem do filme que ela conta a si mesma a propósito dessa mulher. E você não tem nem mesmo direito ao seu sobrenome. Isso porque, quando me pede que responda por carta (o que nunca faço), você se esquece de mencioná-lo. Por quê? Será porque é o sobrenome que seu pai lhe deu e, sendo assim, ele diz que você não é propriedade da sua mãe? Você precisa que alguém o ajude, Yves, e depressa. E que ajude também a sua mãe. Que tal se ela me escrevesse – assinando o próprio nome, desta vez – para me falar do que a faz sofrer?

Por que meu padrasto não quer que eu veja meu pai?

Mathieu, 11 anos

Sua carta, Mathieu, relata um grande sofrimento. Você tem onze anos. Seus pais se separaram quando você tinha dois. Sua mãe partiu com você para o exterior e você não teve mais contato com seu pai, a não ser por telefonemas. Hoje, de volta à França, você gostaria de revê-lo, mas seu padrasto se opõe a isso, porque seu pai cumpriu pena na prisão. E esse padrasto é particularmente severo com você porque, segundo diz, não quer que você venha a ser igual ao seu pai. Isso me parece terrível, terrivelmente injusto, e terrivelmente destrutivo para você. Seu pai é seu pai, e ninguém – a não ser um juiz – tem o direito de impedir que você o veja. Ele fez coisas que o mandaram para a prisão? E daí? Montões de pessoas ótimas fazem besteiras, porque não lhes explicaram o que deveriam quando elas eram pequenas. Elas são castigadas, pagam sua dívida com a sociedade, não voltam mais a fazer besteiras e fica tudo bem. E isso não as impede, de modo algum, de serem bons pais. Ao contrário. Porque elas sabem melhor do que as outras pessoas aonde as besteiras podem levar. Talvez o seu padrasto queira ajudá-lo, Mathieu. E talvez também sinta, sem saber, ciúme do seu pai (por ele ser seu pai, já que seu padrasto gosta de você, e por ser o ex-amor da sua mãe). Mas ele está errado. Por isso, sua mãe precisa falar com ele e deixar que você encontre o seu pai, mesmo que seu padrasto não concorde. E, se ela não fizer isso, você precisa pedir ajuda a outros adultos (no colégio, por exemplo). Coragem, Mathieu, meu pensamento está com você.

Por que não saí da barriga da mamãe antes da minha irmã?

Julien, 5 anos e meio

A sua irmã, Émilie, tem oito anos e meio – três anos mais que você –, e você perguntou à sua mamãe: "Por que eu não saí antes dela quando a gente estava na sua barriga?" "A gente estava na sua barriga…" Essa frase me faz pensar que, já que com certeza lhe explicaram que os bebês, antes de nascerem, ficam na barriga da mãe, talvez você pense que eles ficam todos juntos lá dentro. E que saem numa ordem que você interroga, e talvez até conteste: "Mas que droga! Por que essa aí saiu primeiro?" Não é assim que as coisas acontecem. Para fazer um filho, é preciso um óvulo, que o corpo da mulher fabrica, e um espermatozoide, que o corpo do homem produz, e que ele pode depositar no corpo da mulher quando eles se amam muito. Então um bebê é fabricado na barriga da mãe e, depois de nove meses, ele sai: é o nascimento (seus pais poderão lhe explicar tudo isso com mais exatidão). A primeira filha dos seus pais foi a Émilie. Em seguida, durante três anos, não houve bebê nenhum, e então, um dia, chegou uma nova criança: você, Julien. E pode ser que, um dia, haja um terceiro. É isso. Cada filho tem o seu tempo no ventre da mamãe, tem sua própria data de nascimento e seu próprio lugar. E todos crescem. Um dia, você terá oito anos e meio, como a Émilie tem hoje (e ela terá então onze anos e meio). Ela será sempre mais velha que você, e você será mais velho que o terceiro filho (se ele vier). A vida é assim. Mas fique sossegado. Não é uma corrida de bicicleta. Chegar primeiro ao mundo não quer dizer que a pessoa seja mais forte. É apenas o acaso. Então, tenha uma boa vida, Julien!

Tenho uma porção de namoradas. Como escolher uma delas?

Pierre Emmanuel, 10 anos

Ao ler sua pergunta, Pierre Emmanuel, achei que você tem mesmo muita sorte. Três namoradas, é incrível! Quer dizer que você é um menino sedutor, inteligente e que sabe despertar o interesse das meninas. São grandes qualidades. Dito isso, a sua pergunta me surpreendeu. Por que, na verdade, você deveria escolher? Porque se sente mal nessa situação? Ou quer agir assim porque outras pessoas (seus colegas, seus irmãos, seus pais...) lhe disseram que é preciso escolher? Se a pergunta que você fez é sua, o que posso lhe dizer é que, quando há uma escolha a fazer nesse campo, em geral ela se faz por si. Três meninas o agradam? Você agrada a três meninas? Muito bem. Você não é obrigado a se comprometer com uma ou outra. Pode muito bem seguir seu caminho com as três (explicando-lhes, gentilmente, que não está pronto para escolher). E pode ser que, com o tempo, uma das três se distancie. Ou talvez apareça uma quarta. Quem sabe? Agora, se outra pessoa lhe der conselhos, não deixe que ela decida por você. As histórias de amor, sabe, e a maneira de vivê-las, essas coisas são muito particulares de cada um, e são inventadas cada vez que acontecem. Só você pode saber o que é bom para você. E, se não sabe (o que acontece bastante, sejamos grandes ou pequenos), continue em frente e espere que a experiência lhe traga uma resposta. O seu pai certamente não pediu a opinião de ninguém para se casar com a sua mãe. Decidiu sozinho. Você também pode fazer o mesmo.

Por que é proibido por lei casar com os pais?

Tom, (quase) 10 anos

Porque, justamente, eles são... os pais, Tom! Eu lhe explico. A vida, você sabe, é meio parecida com uma longa viagem de trem que a pessoa tivesse que fazer. Para tudo correr bem, é preciso que ela tenha seu próprio lugar. Um lugar bem-definido, que ninguém tenha o direito de tirar. Como podemos ter um lugar na vida? Sabendo claramente onde nos situamos em relação às outras pessoas da família. O indivíduo é filho de seu pai e sua mãe, neto de seus avós, irmão de seus irmãos e irmãs etc. E podemos escrever todos esses fios invisíveis que ligam as pessoas entre si num quadro grande, que chamamos de árvore genealógica. Então, tudo fica claro. Mas com uma condição: que cada um tenha apenas um único lugar. Ora, se um menino, por exemplo, se casar com a mãe, o que acontecerá? Ele continuará a ser filho dela (já que saiu do seu ventre), mas, além disso, passará a ser seu marido (dois lugares!). E portanto, em dado momento, pai de novos filhos, que serão ao mesmo tempo seus filhos e... seus meios-irmãos e meias-irmãs (dois lugares!). É impossível a pessoa se achar! Além disso, há outro problema: se um menino se casar com a mãe, pense bem: o que fará com seu pai? Vai mandá-lo para a Lua? Transformá-lo num crocodilo? Fácil, não? E depois, a última razão pela qual a lei proíbe os filhos de se casarem com os pais (e vice-versa) é que, se o fizessem, permaneceriam com eles, que são muito mais velhos. Assim, nunca iriam para outro lugar, e o mundo não avançaria. Na verdade, um mundo em que fosse possível casar com os pais seria um mundo sem exterior nem futuro. Seria um mundo sem vida. Então... viva a lei!

Tenho alguma chance com o garoto de quem gosto?

Sophie, 14 anos

Tenho quatorze anos. Quatro anos atrás, eu me apaixonei por um garoto. Ele é um ano mais velho que eu e todo mundo gosta dele. Não se interessava por mim, mas depois me deu sinais positivos. Depois, parou, aí recomeçou, e assim foi. A senhora acredita que tenho alguma chance?

Você quer a minha opinião, Sophie? Ei-la: o que você me contou em sua longa carta não me fez simpatizar muito com esse garoto. Creio que ele percebeu que você estava apaixonada, mas ele não sente o mesmo (o que é seu direito), e continua a fazê-la acreditar que poderia vir a se apaixonar. É que os seus sentimentos o envaidecem e, provavelmente, permitem que ele se ache um grande sedutor. A maneira como ele se porta com você, ficando nesse chove não molha (um dia me interesso por você, no dia seguinte a ignoro), prova que ele não tem nenhum respeito pelos outros e só está preocupado consigo mesmo. (Você tem certeza, aliás, que ele se interessa pelas meninas? Ele tem namorada?) Além disso, há uma outra coisa de que quero lhe falar: é do meu espanto diante da atitude da sua mãe, que partilha tudo isso com você como se tivesse a sua idade (o que não é o lugar dela).

E que mantém você nessa história, ao lhe dizer, por exemplo, que o rapaz se interessa por você, uma vez que a olha. Os gatos, Sophie, também olham para os ratos com que brincam. Mas não é para se casarem com eles, é para comê-los! Deixe essa história para lá, Sophie. Quatro anos é muito tempo, e você já não tem dez anos. Tenho certeza de que, se parar de ficar fascinada por esse infeliz, você descobrirá à sua volta outros namorados que só estavam à espera de um olhar seu…

Por que é difícil dizer à minha namorada que não gosto mais dela?

Jules, 12 anos

Primeiro e provavelmente, Jules, porque isso a fará sofrer, e você preferiria vê-la feliz. Mas será que isso basta para explicar as suas dificuldades? Acho que não. É que dizer a uma pessoa que não gostamos mais dela é nos colocarmos diante dessa pessoa, afirmando claramente o que somos e o que pensamos. Quer se trate de um adulto ou de uma criança, isso sempre exige muita coragem. Coragem em relação ao outro, porque consiste em lhe dizer: "Eu sou eu e você é você. Você pensa uma coisa, mas eu penso outra." Ou seja, consiste em não mais falar ou agir em função do que ele (ou ela) espera, mas em função daquilo que se sente profundamente. Portanto, é dirigir-se a si mesmo, é realmente dizer "eu", e isso é arriscado, porque o outro pode não suportar e nos rejeitar. Além disso, dizer e fazer o que realmente queremos também são coisas difíceis em relação a nós mesmos. É que, nesse caso, não estamos mais jogando palitinhos de fósforo no jogo da vida. Jogamos com dinheiro de verdade, e se perdermos vai doer... Diga à sua namorada que não gosta mais dela, Jules. Diga com amizade, com respeito e, sobretudo, sem humilhá-la. Mas diga. Porque essa é a verdade, a sua verdade. E a pessoa nunca deve trapacear com sua própria verdade, seja qual for o preço a pagar. Seja forte, Jules, estou pensando em você.

Como não pensar mais na morte o tempo todo?

Thomas, 11 anos

Com certeza vou surpreendê-lo, Thomas, porém o que realmente me impressionou na sua carta foi que você a iniciou por "Bom dia, Claude" e me tratou por você. Claude? É curioso chamar assim, pelo nome, alguém que nunca vimos na vida, não é? E, ainda por cima, uma senhora que, dada a idade, poderia ser não apenas sua mãe, mas, provavelmente, sua avó. Por que estou dando importância a isso? Não é, de modo algum, por razões de polidez, e sim porque, por mais estranho que pareça, talvez isso se relacione com o seu problema. Em que circunstâncias, de fato, uma criança trata um adulto por você? Quando ela é pequena, porque, nessa fase, é assim que trata a todos, e isso é normal. E, mais tarde, quando esse adulto é um membro ou um parente próximo da sua família. Ora, você não é pequeno: tem onze anos, e nós não nos conhecemos. Então, como explicar esse seu tratamento íntimo? Talvez seja por você não ter consciência da sua idade. Talvez seja por não estabelecer bem a diferença entre a família e o que está fora dela. Ou talvez seja, ainda, por não fazer bem a diferença entre adultos e crianças. Em outras palavras, talvez seja por você não saber muito bem, no fundo, qual é o seu lugar. E, quando uma criança não sabe qual é o seu lugar, nada para ela pode estar no lugar. Nem mesmo a morte. A criança imagina que ela possa chegar a qualquer momento e para qualquer pessoa. Ora, de modo algum. Os seus pais são jovens. Seus avós também. E quanto a você, você está no início da vida. Logo, ninguém vai morrer tão cedo. Então, por que ficar martelando uma coisa tão improvável? Quer pensar nisso?

Por que eu contradigo meus pais?

Léo Paul, 8 anos e meio

Porque você é inteligente, Léo Paul. E, por ser inteligente, é provável que não tenha vontade de aceitar, sem refletir, tudo o que seus pais dizem. Mas esse tipo de problema é sempre complicado. Primeiro por causa dos pais, porque a função deles é complexa. De fato, eles têm que ensinar os filhos a obedecer (às regras da vida que eles lhes transmitem) e, ao mesmo tempo, ajudá-los a se tornarem seres livres, capazes de pensar por si. Não é simples articular esses dois objetivos! É que ora eles podem deixar os filhos fazerem "discussõezinhas" intermináveis a propósito de tudo, o que não é possível, ora podem impedir que a inteligência deles se desenvolva, transformando-os em bons soldadinhos silenciosos e submissos, que obedecem à risca. É muito difícil encontrar a medida certa! E isso também é complicado por causa das crianças. É que, quando se é criança, sempre se procura ser adulto no lugar dos adultos e, às vezes, até mais adulto que eles. E, quando a criança é inteligente, é comum ela ficar tentada a usar suas capacidades intelectuais para brincar de ser mais forte... Tudo isso é para lhe dizer que, se o que você chama de "contradizer seus pais" é pensar por si e exprimir a sua opinião, tudo bem. E é preciso que seus pais aceitem isso, mesmo que seja difícil para eles (talvez por conta do que eles viveram quando pequenos). Mas se "contradizer" significa contestar tudo e bancar o chefe, aí não pode ser. Quer pensar nisso?

O que é ser livre?

Victoire, 4 anos

Sua mamãe me escreveu, Victoire, dizendo ter medo de não saber responder à sua pergunta. Compartilho o medo dela. Primeiro porque eu gostaria, antes de responder, de perguntar o que é, na sua opinião, "ser livre". Talvez isso me permitisse entender um pouco melhor as suas preocupações. E segundo, principalmente, porque essa pergunta é tão importante, que homens e mulheres cujo trabalho é refletir – e que nós chamamos de filósofos – trabalham com ela há milhares de anos. Então, o que lhe dizer? Bem, que existem no mundo muitas crianças e adultos que não são livres. Não têm o direito de dizer e de fazer o que querem, de ir aonde querem. A liberdade, como depois você vai aprender na escola, é algo que é sempre preciso lutar para conquistar e lutar para manter. Depois, o que posso lhe dizer é que, mesmo quando não temos esse tipo de problema, a liberdade nunca é total. É limitada por leis e pela existência dos outros: é sempre preciso cuidar de não fazer mal a eles. E é limitada pelo que nós somos: você e eu, mesmo que a gente queira muito, não podemos nos transformar em pássaros e sair voando... Então, o que nos resta? Tudo o que podemos fazer dentro desses limites, e são inúmeras coisas. Os homens, por exemplo, não podem voar, mas sua inteligência lhes permitiu fabricar aviões. É bom, não é? E, além disso, acima de tudo, o que tenho vontade de lhe dizer, acho, é que todos nós podemos, todos os dias, lutar no nosso coração e na nossa cabeça para ser um pouco mais livres. Como? Sempre tentando dizer o que realmente pensamos. Mesmo que seja mais fácil dizer aquilo que agrada aos outros. Quer pensar nisso?

Quando é que o papai e a mamãe vão se separar?

Romane, 7 anos

O que a faz pensar, Romane, que seus pais poderiam se separar? Será que eles conversaram com você sobre isso? Ou, sem que eles tenham falado, você imagina que isso possa acontecer, porque eles não se dão bem, brigam muito etc.? Ou está pensando assim porque, tendo colegas cujos pais são separados, você diz a si mesma que todos os pais se separam, mais dia, menos dia, e é inevitável que os seus também acabem fazendo isso? Ou acha que isso vai acontecer porque você pensou, algumas vezes (por uma razão ou por outra), que seria melhor para você se eles fossem separados? Você não está aqui para me responder, mas, assim mesmo, posso lhe dizer que de fato acontece de os pais se separarem, porque o amor entre adultos pode não durar para sempre. Mas não é uma obrigação. Alguns pais não se separam. De qualquer modo, os seus pais, já que me enviaram a sua pergunta, prestam atenção em você e se preocupam com a sua felicidade. Logo, é certo que, se tivessem que se separar, eles a avisariam, e, mesmo separados, continuariam a cuidar da sua vida, todos dois. Por isso, acho que você pode tranquilamente virar essa página: para o seu próximo sorvete de morango, a próxima nota mais do que ótima, o próximo namorado, e por aí vai. Seria mais alegre, afinal. Você não acha?

Por que a gente não pode entrar no quarto dos pais quando tem pesadelo?

Apolline, 9 anos

Porque, se isso fosse possível, Apolline, a gente nunca deixaria de ter pesadelos. Por quê? Vou explicar. Primeiro, você precisa saber que todos temos na cabeça vontades e ideias de que não temos consciência, mas que, de vez em quando, precisam vir à tona. E que, por essa razão, saem sob a forma de uns filminhos bem misteriosos (porque, para sair, essas ideias se disfarçam), que vemos quando estamos dormindo. Nós os chamamos de sonhos e, quando eles assustam, de pesadelos. Quando acordamos de um pesadelo, em geral nos sentimos mal e, muitas vezes, ficamos com medo, por já não sabermos direito se estamos protegidos dentro de casa ou se ainda estamos no filme ruim que acabamos de ver. Então, quando a criança é pequena (quer dizer, muito antes dos nove anos, porque, quando a pessoa tem nove anos, como você, ela é crescida...), é bom que os pais possam acalmá-la, explicar-lhe que os monstros não existem etc. Mas eles precisam fazer isso no quarto da criança. Por quê? Porque, se a levassem para o deles, seria o mesmo que dizer que os pesadelos permitem que se façam coisas que habitualmente são proibidas. E a criança, sem sequer se dar conta disso, diria a si mesma que, se os pesadelos dão esse direito, vale a pena tê-los. E a coisa continuaria. Portanto, os seus pais têm razão. Pesadelo ou não, você fica no seu quarto. Está bem?

O pediatra me disse que eu estava muito gorda

Julia, 8 anos

Ao ler sua pergunta e poder sentir o sofrimento com que você a fez, achei que o que está acontecendo com você é um bom exemplo de como os adultos podem fazer as crianças sofrerem, sem querer. Sua mamãe – que me enviou a sua carta – me disse, de fato, que o seu pediatra (muito gentil) pesou você, anunciou o seu peso e acrescentou: "Você está muito gorda!" E ela me disse que, depois disso, você lhe implorou para não revelar esse peso a ninguém, como se sentisse vergonha dele e, principalmente, como se se sentisse culpada. Acho que é preciso recolocar as coisas no lugar. Gostar de comer não é um erro, muito pelo contrário. Mas comer é como brincar. É algo que não podemos fazer o tempo todo (quando a pessoa só brinca, ela fica burra), e não podemos fazer de qualquer maneira (não brincamos de bola no meio da rua), senão é perigoso. Com a alimentação é a mesma coisa. O seu corpo está numa idade em que adquire hábitos que vai conservar. Se você o habituar a comer demais, ou a comer muitas coisas que engordam (bombons, doces, batata frita etc.), ele não poderá mais viver sem elas. Vai engordar, e se, quando crescer, você quiser ser magra, será obrigada a entrar em guerra com ele. Isso é uma idiotice. Aprenda desde agora a comer como deve: "Você quer um doce, meu corpo? Tudo bem! Mas dois não, isso é demais!" Você verá que funciona. Ele vai obedecer. Você emagrecerá e, ainda por cima, ficará superorgulhosa de si.

Por que meu irmão menor é maior do que eu?

Basile, 4 anos

Sua pergunta é muito inteligente, Basile, e perfeitamente justificada, porque a palavra "grande" tem diversos sentidos. De fato, é possível ser "grande" pelo tamanho: quando uma árvore é muito alta, falamos de uma árvore grande. Mas também é possível ser "grande" pela idade. Você, por exemplo, nasceu antes do seu irmão. Logo, é mais velho que ele. Você é o "irmão maior" dele, e ele é seu "irmão menor". Além disso, você também precisa saber que a palavra "grande" pode apontar para as qualidades de alguém: quando um homem fez coisas muito importantes na vida, dizemos que ele foi um "grande homem". E, evidentemente, como você percebeu bem, tudo isso pode se tornar muito complicado. Porque o sujeito pode ser um "grande homem" apesar de ser pequeno no tamanho. E o problema com o seu irmão é parecido. Por causa da idade, ele é seu "irmão menor", e continuará assim para sempre. Mesmo que ele virasse um gigante de 45 metros (já imaginou? Seria engraçado, ele ficaria com a cabeça na altura dos passarinhos...), não poderia alcançar você. A diferença de tamanho entre vocês pode mudar, porque os dois vão crescer. Ou não mudar, porque todos nós herdamos características físicas que vêm das famílias do papai e da mamãe. Assim, em função das pessoas com quem nos parecemos, temos alturas e cores de olhos diferentes, e coisas assim. De qualquer maneira, o importante não é o tamanho, é o que temos na cabeça e no coração. O importante, Basile, não é você se tornar um homem grande. É você se tornar um grande homem.

Por que tive vontade de rir no enterro da minha avó?

Cécile, 9 anos (quase 10)

Primeiro, você precisa se acalmar, Cécile. Ter vontade de rir num enterro não tem nada de extraordinário. Acontece com muitas crianças e, você precisa saber, também com muitos adultos. E para a pessoa que sente essa vontade é sempre muito difícil passar por isso. Porque, frequentemente, ela se sente culpada e até envergonhada. Mais envergonhada ainda porque, em geral, as outras pessoas a olham com ar surpreso e, às vezes, até aborrecido, porque não compreendem o que está acontecendo. Imaginam que a pessoa ri por estar alegre, e se escandalizam com a ideia de que alguém possa estar alegre enquanto elas estão tão tristes. Ora, isso não é verdade. Podemos rir por estar alegres. Mas também podemos rir por estar angustiados. Tão angustiados que não conseguimos mais chorar e nem mesmo falar. Não sei por que você riu, Cécile, porque não a conheço e não sei nada da ligação que você tinha com sua avó, se vocês eram muito próximas ou nem tão chegadas. Também não sei se sua avó foi a primeira pessoa que você viu morrer, se esse enterro foi o primeiro a que você assistiu. Além disso, também seria preciso saber quem eram as outras pessoas presentes (membros mais distantes da família, amigos dos seus pais...) e a relação que você tem com elas. O que posso lhe dizer é que esse riso veio do fundo do seu coração e da sua cabeça, e que ele é tão difícil de compreender quanto um sonho. Mas, um dias desses, ao pensar nisso, tenho certeza de que você acabará compreendendo.

Como é possível não gostar de bichos?

Anatole, 7 anos

Você tem razão, Anatole, quando gostamos de animais, é difícil entender que há pessoas que não gostam deles. Mas elas existem, e são até muitas. Primeiro porque, para gostar de animais, é preciso ser capaz de amar. Ora, todos os seres humanos nascem com essa capacidade. Mas eles só podem desenvolver essa capacidade se viverem num mundo em que recebam amor, porque então aprendem a dar amor. Quando isso não acontece, eles têm que se endurecer, para suportar a falta de amor, e é comum ficarem incapazes de amar. Além disso, amar os animais pressupõe uma educação. Porque a criança pequena não faz diferença entre o gato de estimação, por exemplo, e seus bichos de pelúcia. Pode puxar o rabo dele, apertar o seu pescoço e se divertir ao vê-lo se debater e miar. Por isso, é preciso ensinar a ela que o animal está vivo e sofre, e proibi-la com muita firmeza (mas muita firmeza mesmo!) de tratá-lo como se fosse um brinquedo. E, por último, o amor pelos animais depende da maneira como eles são tratados pela sociedade em que vivemos, isto é, de como ela os respeita e leva em conta o seu sofrimento. E, por esse ponto de vista, a nossa ainda está longe de acertar. Trata muito mal os mais frágeis (as pessoas idosas, por exemplo), e pior ainda os animais. É uma pena, porque a maneira como são tratados é um índice do grau de civilização de uma sociedade. Uma filósofa, Élisabeth de Fontenay, escreveu coisas formidáveis sobre esse assunto. Você poderá lê-las, mais tarde. Enquanto isso, desejo que conheça e ame muitos amigos de quatro patas...

Na escola, minha melhor amiga me abandonou. Não consigo perdoá-la por isso

Anaëlle, 12 anos

O que lhe aconteceu é realmente grave, Anaëlle. Você tinha uma amiga ("L") e, pelo que me disse, uma outra menina ("N"), com ciúme dessa amizade, jogou-a contra você. O erro foi da "N", mas da "L" também, porque, em vez de resistir, ela começou a falar mal de você, a insultá-la. Ou seja, tornou-se um fantoche da "N". Foi difícil para você, mas para ela é realmente problemático. Porque, se ela for um fantoche dos outros a vida inteira, vai ser terrível para ela! Em seguida, ela pagou uns meninos para baterem em você (!!). E você parou de comer e de dormir, sem conseguir contar nada a sua mãe. Depois, apesar de tudo, contou (ufa!), e saiu da escola, porque a sua família se mudou para o exterior. Hoje você está de volta, mas não consegue perdoar. Eu acho, Anaëlle, que a prioridade não é perdoar. É saber por que você escolheu (sem se dar conta disso, é claro; a culpa não é sua!) uma amiga que era capaz de fazer tanto mal aos outros. E por que se deixou martirizar sem dizer nada. É preciso compreender isso para, depois, saber se quer perdoar ou não. Não somos obrigados a perdoar. O importante é a pessoa não ser mais perseguida por uma história. E, para que essa história não volte a acontecer, é preciso entender por que ela aconteceu (o que permite, por outro lado, ter certeza de que não se repetirá). Será que pessoas adultas a fizeram sofrer quando você era pequena (e até muito pequena)? Será que seus pais conheceram a maldade (quando crianças ou adultos), sem poderem se defender? Reflitam juntos. Isso vai ajudá-la a compreender o que se passou.

Sou desorganizada e nunca termino nada. Por quê?

Alice, 10 anos

Sua carta me deu um pouco de pena, Alice, porque você juntou a ela um bilhetinho, num segundo papel, para me dizer: "Escrevi depressa demais." Como se sempre achasse que o que você faz não está bom. Não se inquiete. Sua carta foi muito bem-escrita e, além disso, fez uma pergunta verdadeira. Isso é o essencial. Por que você é desorganizada? Por que nunca termina nada? E por que "tem um ataque" quando sua mãe pede que você arrume alguma coisa? Não sei dizer. Mas podemos descobrir juntas. Dizendo, logo de saída, que não se trata de uma questão de "caráter": os bebês não nascem com o gene da ordem ou da desordem na cabeça. Para que uma criança possa pôr as coisas no lugar, é preciso que tenha compreendido, por terem lhe explicado isso, o que é um lugar (seu lugar de filha, por exemplo, o lugar de seu pai, da sua mãe etc.) e a importância de existirem lugares. E, para fazer bem-feito o que tem de fazer, ela precisa ser capaz de decidir fazer sozinha, por ter compreendido a utilidade disso (mais uma vez, por terem lhe explicado o assunto). Quando a criança não sabe, por exemplo, que escovar os dentes evita que eles se estraguem, ela os escovará apenas para que seus pais não gritem com ela; e, no dia em que eles não estiverem presentes, não os escovará. É que ela funciona como um robozinho aflito, que não pensa e só sabe obedecer a ordens. Procure refletir sobre tudo isso com seus pais, Alice. Mude junto com eles o que deve ser mudado, e pare de achar que não é uma "boa menina". Você é uma menina ótima. É só como um atleta mal treinado. É preciso mudar o treinamento.

Por que somos classificados pelos outros como "populares" ou "excluídos"?

Sofia, 13 anos

Você está no oitavo ano, Sofia, e, como todos os anos, segundo me disse, se vê amiga do que chama de os "marginais", os "excluídos". E, por causa disso, é caçoada pelos outros, principalmente pelas garotas "*fashion*", pelas "mais bonitas" e, sobretudo, as "populares". Você me descreve, portanto, um mundo dividido em dois campos, e se pergunta: por que somos classificados num ou no outro? Como funciona a popularidade? Ela depende, creio eu, de duas coisas. Dos critérios do lugar em que vivemos: se, como na sua turma, só se privilegia a aparência, não cai bem ser, como você, "inteligente, brilhante e madura" (na opinião dos seus professores). Uma cabeça com conteúdo em meio a cabeças ocas perturba! Mas ela depende, sobretudo, da própria pessoa. Por quê? Porque a imagem que os outros nos devolvem de nós não é outra senão a que (consciente e inconscientemente) temos de nós mesmos. E que não tem nada a ver com a realidade do que somos: a pessoa pode ser bonita e se achar feia. Ao contrário do que pensamos, não estamos à mercê dos outros, já que podemos mudar a maneira de eles nos verem. Como? Perguntando-nos de onde vem a imagem (negativa) que temos de nós. Ela sempre vem de algum lugar. Vem do fato, por exemplo, de que nossos pais já se desvalorizavam, ou do modo como eles nos consideraram, de acontecimentos sofridos desde a infância (dificuldades, fracassos, humilhações...). O que a levaria, Sofia, a se achar incapaz de impor o que você é e de atrair a popularidade? É preciso que você procure (talvez com a ajuda de um profissional) e descubra isso, que é essencial. De qualquer modo, saiba que, depois de ler a sua carta (realmente admirável), eu quero muito mesmo que você chegue lá. Vá em frente!

Quem tem cinquenta anos é velho?

Balthazar, 6 anos

O que você acha, Balthazar? Pergunto porque, quando tinha a sua idade, eu achava que ter cinquenta anos era ser muito velho! É evidente que isso não é verdade, e é cada vez menos verdadeiro, porque os avanços da medicina permitem que a vida seja cada vez mais longa. Se é possível viver até os cem anos, ou quase, cinquenta anos são a metade da vida... Mas é normal as crianças acharem que aos cinquenta anos (e até aos trinta) a pessoa é velha. Porque a idade adulta, quando somos crianças, é feito uma montanha vista de longe. Parece tão grande que o cume dá a impressão de ser inatingível. Depois, quando adultos, já não temos nem sombra dessa visão da montanha, porque chegamos à encosta e vamos subindo aos pouquinhos. Assim, mesmo quando olhamos para cima, para o fim do caminho, não a vemos mais como antes, quando a olhávamos de baixo e de longe. Além disso, sabe, há outra coisa que é importante, como você vai perceber. É que a idade é a que está registrada em nossos documentos, a idade do corpo, é claro, mas é também a da cabeça e a do coração. Enquanto temos vontade de viver, de amar, de progredir, de nos preocuparmos com o mundo e com os outros, enquanto continuamos dispostos a voltar a jogar todas as cartas e a nos lançarmos numa nova aventura, seja ela qual for, não somos velhos. Assim, a pessoa pode ser velha aos cinquenta anos (mas também aos vinte, e até muito antes), ou não ser. Tenha uma boa vida, Balthazar! E, acima de tudo, nunca se esqueça, ao crescer, de cuidar da sua juventude.

Por que choramos quando as pessoas morrem?

Bradley, 10 anos

Em geral, Bradley, você sabe, nós choramos quando ficamos tristes. E isso pode acontecer por muitas razões. E, algumas vezes, sem que a gente compreenda por quê. Nosso coração pode até saber os motivos, mas nossa cabeça não, pelo menos ainda não. Quando morre alguém de quem gostávamos, ficamos tristes por saber que essa pessoa nunca mais estará conosco. Mas, para nós, era muito importante vê-la e conversar com ela. Assim, pensamos nela. No que dizia, no que fazia, na maneira como ficava conosco, em tudo o que fazíamos juntos. Pensamos em coisas importantes e em outras que, aparentemente, têm menos importância. Numa brincadeira que ela fez, numa aventura que lhe aconteceu. Repassamos na memória o filme da vida com ela. E choramos. É que esse filme, que era alegre, de repente ficou triste, porque a pessoa não está mais presente. E choramos mais ainda porque, quando morre um ser humano, nós o transformamos, sem perceber, em alguém ainda mais fantástico do que ele era. Esquecemos que ele também tinha facetas ruins (todo mundo as tem...). Imaginamos que era perfeito, e isso torna sua morte ainda mais insuperável para nós. E aí o tempo passa. Choramos cada vez menos com os olhos, embora continuemos a chorar no coração. E depois, um dia, não choramos mais. Porém nunca esquecemos. Nós nos lembramos.

Por que os adultos não brincam?

Théodore, 5 anos

O que você diz não está totalmente certo, Théodore; muitos adultos brincam. Não o tempo todo, é claro, e talvez não tanto quanto você gostaria. Mas isso é normal, porque, mesmo que eles gostem de brincar com crianças, os adultos também gostam de muitas coisas da sua vida de adultos: do namorado ou namorada, do trabalho, dos amigos, de livros, de filmes... Quer dizer, de todas as coisas que você ainda não conhece, mas conhecerá quando for adulto, e que fazem com que valha a pena crescer. No entanto, você tem razão, existem adultos que não gostam nem um pouco de brincar e que, às vezes, nem mesmo sabem brincar de nada. Em geral, esses são adultos que não tiveram ninguém para brincar com eles quando eram pequenos. Porque os pais deles achavam que, para crescer, bastava apenas ir bem na escola e aprender a não pôr os cotovelos na mesa. E que a brincadeira não era uma ocupação séria. No entanto, ela é uma das coisas mais importantes da vida da criança. Porque lhe dá o poder de se transformar no mágico da sua própria vida e de inventar e fazer coisas que não existem de verdade. Os momentos de brincadeira são indispensáveis para a criança, porque permitem que ela desenvolva a imaginação e se torne criativa. E também o são porque, embora a criança deva se obrigar a muitas coisas na vida, ao brincar ela pode agir apenas para seu simples prazer. Além disso, brincar também é aprender a se relacionar com os outros e a respeitar as regras do jogo, algo tão essencial. Continue a brincar, Théodore. Com os adultos, quando eles quiserem, e principalmente com seus amiguinhos. Boa brincadeira!

Posso sair da minha história familiar dolorosa?

Lucie, 15 anos

> *Tenho quinze anos e nunca tive um namorado. Não confio nas relações conjugais porque tive uma história familiar difícil. Será que vou poder sair dela?*

A carta que você me mandou, Lucie, conta com inteligência admirável o que você viveu. O divórcio dos seus pais, quando você estava com quatro anos. A vida com sua mãe, o ódio dela por seu pai (que lhe retribuía na mesma moeda), a maneira pela qual ela o denegria permanentemente. O encontro dela com outro homem, a quem você se apegou, mas do qual ela se separou. A aventura que ela teve em seguida com outro, o que levou você a ouvir seus arroubos sexuais (quando tinha oito anos). Depois, o encontro dela com uma mulher que foi morar com vocês, quando, de novo, nas suas palavras, você as ouviu fazendo amor. Foi tão doloroso que você conseguiu falar com elas sobre o assunto, mas as duas não se davam conta. Assim, você tinha que bater na porta do quarto delas toda noite (aos nove anos de idade)... Há boas razões para ter problemas com as relações conjugais, não acha? Enquanto isso, seu pai refez a vida dele com uma mulher que você gostaria de ter por mãe, e você fica olhando para o filho que eles tiveram juntos e que, por sua vez, tem direito à infância... E você me pergunta se, apesar disso tudo, poderá conseguir, você mesma, ter uma relação estável e ser mãe. Ora, é claro que sim, Lucie! Em parte, você já conhece os laços que a aprisionam. Creio que é preciso apenas consultar um terapeuta que possa ajudá-la a compreender de que maneira essa história tão pesada recai sobre os seus ombros. Aguente firme, Lucie! O mais difícil era resistir a tudo isso. E isso você já fez. Continue!

Detesto meu pai porque ele enganou minha mãe

Amandine, 14 anos

Seus pais se separaram, Amandine, quando você era pequena. Em suas palavras, você não teve uma vivência ruim disso. Lembra-se apenas de que, antes da separação, sua mãe teve uma depressão que a levou várias vezes para o hospital. Atualmente, morando com seu pai, você a vê várias vezes por semana. Mas apenas agora ela a informou do motivo da separação: seu pai, segundo ela, a enganou. Desde então, você a compreende e se compadece dela, e se sente culpada por tê-la censurado pelas lágrimas que ela derramou na época. E (sem ter conversado com ele) você detesta seu pai "pelo que ele fez". O problema, Amandine, é que você não sabe (nem eu) o que seu pai fez (ou deixou de fazer) com sua mãe. Sabe apenas o que ela lhe disse, e que faz dela uma vítima. Ora, num casal, nunca existe um culpado e uma vítima. As coisas nunca são tão simples. De fora, nunca temos como saber o que se passa. Mas uma coisa é certa: é sempre complicado. Logo, você tem o direito de detestar seu pai. Mas eu, por minha vez, tenho o direito de me perguntar por que a sua mãe achou que era bom lhe contar isso. E, principalmente, por que agora, quando você está com quatorze anos, momento em que se abre a perspectiva da vida amorosa. De que serve isso para ela? Para fazer você ter medo dos homens? Sabe, Amandine, muitas vezes, é difícil para as mães verem as filhas se tornarem mulheres. Por causa do que elas mesmas viveram com suas mães. Você deveria refletir sobre isso…

Sempre detestei o que eu sou e tenho inveja dos outros. Por quê?

Camille, 13 anos

Você me disse, Camille, que não se sente "à altura", "não se sente bem", sente-se "diferente dos outros". E que, toda vez que procura ser igual a eles e lhes despertar o interesse, tem a sensação de estar sendo ridícula. Convencida de que todos são melhores que você, acaba ficando com inveja e, como não gosta disso, tudo termina em prantos na sua cama. Seus amigos não lhe parecem suficientemente próximos para que se atreva a confiar neles, e você teria medo, se o fizesse, de aborrecer seus pais. Assim, fica numa grande solidão, cara a cara com a imagem ruim que faz de si mesma. E eu só posso me perguntar de onde vem essa imagem que se assemelha tão pouco a você (basta ler a sua carta, inteligentíssima, para ter convicção disso), e que você projeta nos outros, pensando que eles a veem como você se vê. Não tenho como saber, porque você não me disse nada sobre sua história. Exceto por uma coisa, que me deixou com a pulga atrás da orelha. Você me disse que, se falasse dos seus problemas na frente do seu irmão, ele a "menosprezaria". Veja só, veja só! Ele faz isso com frequência? Não sei se é mais novo ou mais velho, mas, de qualquer modo, um irmão que nos menospreza não nos ajuda a nos sentir valorizados. Você deveria pensar nisso. Por que ele age assim? Por que fica enciumado? Por que seus pais o deixam fazer isso? Essa é uma pista entre outras. Creio que, para segui-la (e muitas outras), você deveria procurar alguém que exerça a mesma profissão que eu. É preciso sair disso, Camille. Sentir-se "errada", quando se é uma boa menina, não está certo. Isso precisa acabar.

Por que as crianças sempre preferem a casa dos outros?

Astrid, 7 anos

De quem você está falando, quando diz "as crianças", Astrid? De você? Então, por que não disse "eu"? É engraçado, a pergunta que você me faz talvez tenha sido sua, no começo (talvez... embora isso não seja garantido), mas eu diria que ela foi reformulada por um adulto. Será que me enganei? E, do mesmo modo, você escreveu no fim da carta: "Cordialmente." Essa também é uma palavra de adulto. Se você não sabia o que escrever, podia não ter escrito nada, você sabe. Isso não é grave. De qualquer modo, vou responder à sua pergunta. Há crianças que preferem a casa dos outros porque lá a vida é mais alegre que na delas. Não porque seus pais sejam maus pais, mas por serem ocupados e preocupados demais para introduzirem um pouco de alegria na vida deles e na de seus filhos. E até para se darem conta, quem sabe, de que os filhos realmente precisam dessa alegria. Além disso, há crianças em cuja casa a vida é alegre, mas que têm a impressão de que ela ainda é melhor noutro lugar. É que, quando não conhecemos o cotidiano de uma família, não conseguimos ver seus problemas. E podemos ter a impressão de que eles não existem, embora sempre existam... Mas, de qualquer maneira, a criança tem o direito de preferir a casa dos outros. E até de dizer a si mesma que a casa que ela terá, um dia, sua casa de gente grande, será parecida com a casa dos outros. Porque a criança é obrigada a obedecer aos pais, isso é importante. Mas não é obrigada a ter os mesmos gostos e as mesmas ideias que eles. Cada um tem a sua personalidade…

Sempre brigo com meus pais e, depois, faço cortes nos meus braços. Como parar com isso?

Lola, 12 anos

Você briga sem parar com seus pais, Lola. Seria preciso compreender por quê. E principalmente por que, depois dessas brigas, em vez de chorar ou de ficar furiosa, ou de telefonar para os amigos para desabafar, você se fecha sozinha no banheiro, para cortar o braço com a tesoura ou com a navalha do seu pai. Achando que "isso a livra dos sofrimentos e é a única coisa boa na sua vida". Não acredito nisso. Porque uma coisa boa é uma coisa que leva a algum lugar, e isso não leva a lugar algum. A não ser a recomeçar indefinidamente, como um hamster rodando dentro da gaiola. Logo, não é uma solução. Por que você faz isso? Será que é porque as feridas do corpo, por mais dolorosas que sejam, doem menos que as do coração? Será que é porque, ferida por ferida, se nós mesmos nos ferirmos, pelo menos evitaremos sofrer? Não sei. Mas, para isso, é preciso que nunca tenham lhe ensinado o seu valor, o valor do seu corpo e a necessidade de proteger os dois. Você me disse, aliás, que seus pais não desconfiam de nada, porque você esconde tudo embaixo de curativos. Para mim, não são os curativos que explicam a cegueira deles, e sim a própria infância deles com pais que certamente não os escutaram. É preciso parar com tudo isso, Lola. Sua família não a escuta, mas outros a podem escutar: professores, assistentes sociais, psicólogos, médicos... Procure, e você encontrará. E me mande notícias depressa. Porque, eu lhe asseguro, apesar de eu não a conhecer, a ideia de que, aos doze anos, você se machuque voluntariamente, sozinha no banheiro, é realmente insuportável. Posso contar com você?

Será que eu posso ser sequestrada na ida para a escola?

Elsie, 11 anos

Nunca se pode afirmar, cara Elsie, que uma coisa não vai acontecer. Porque, se pensarmos bem, tudo pode acontecer. Inclusive você ou eu acordarmos uma manhã com uma girafa em frente à nossa porta. Quem disse que ela não pode escapar de um caminhão que a levaria para o jardim zoológico e ir parar justamente ali?... É possível. Mas, reconheça, é pouco provável. Porque esse tipo de encontro não é frequente. Os sequestros de crianças, felizmente, também não. Mesmo que, muitas vezes, pareçam mais numerosos do que são, porque quando acontecem os meios de comunicação falam muito deles, e com razão. De qualquer modo, em matéria de sequestro, o problema não é "Será que isso pode acontecer comigo?", mas "Vamos imaginar (é pouco provável, mas...) que isso aconteça comigo; o que eu faço?". E é preciso entender bem que uma criança não é um objeto passivo, do qual alguém possa se apoderar como quem rouba uma maçã. Na verdade, os sequestradores de crianças contam com três coisas: com sua força de adultos, é claro, mas principalmente com o medo e a credulidade da criança (o sujeito lhe conta uma história, ela acredita e é levada...). E é preciso saber que eles são sempre muito, muito covardes: só agem quando têm certeza de não correr nenhum risco. Logo, é preciso complicar ao máximo a tarefa deles. Como? Nunca acreditando neles: nunca se deve acompanhar um adulto desconhecido ou pouco conhecido, diga ele o que disser. Pedindo ajuda imediatamente à primeira pessoa que passar e, caso haja insistência, gritando o mais alto possível. Você não é um cordeirinho perdido diante dos lobos, Elsie. É uma menina inteligente. Só resta aos lobos se comportarem direito!

Por que a mamãe não quer mais que eu tome mamadeira nem chupe o dedo?

Victor, 6 anos

Que pena você não estar diante de mim, Victor! Eu teria pedido para você mesmo encontrar a resposta à sua pergunta. E tenho certeza de que a encontraria bem depressa. Pense... Será que você ainda usa roupinhas de neném? Não? Ainda anda engatinhando? Não? Ainda dorme num berço? Não? Seus pais ainda o levam para passear num carrinho de bebê? Não? Será que você faz "gugu dadá", por ainda não saber falar? Não? Então... Se entendi bem, você não é mais um bebê. Logo, me explique por que, não sendo mais um bebê, você ainda quer beber coisas num utensílio de bebê. Porque a mamadeira, lembro a você, é um utensílio para nenéns. É normal que eles se sirvam disso, porque ainda são pequenos demais para segurar um copo, uma xícara ou uma tigela. Mas uma mamadeira nas mãos de uma pessoa crescida, francamente, é esquisito! Já imaginou seu pai, no trabalho, tirando uma mamadeira da gaveta, quando fica com sede? Você consegue imaginar um herói, num filme, tomando mamadeira? E já imaginou o que as meninas da escola vão pensar se de repente elas o vissem tirar uma mamadeira do bolso? Socorro! Largue a mamadeira, Victor (e o polegar também, porque é a mesma coisa!). A sua mãe tem razão. Faz muito tempo que nada disso serve mais para a sua idade.

Sempre morei no mesmo lugar, e vou me mudar. Estou muito nervosa...

Léa, 12 anos e meio

É normal que você se inquiete, Léa. Sair de um lugar que conhecemos bem nunca é simples, e a sabedoria popular recorda isso por meio de um provérbio que você talvez conheça: "Mais vale o ruim conhecido que o bom por conhecer." E você realmente me disse, aliás, que é disso que tem medo: do que vai encontrar quando tiver se mudado. E tem ainda mais medo na medida em que transforma os acontecimentos futuros num pesadelo. E fica angustiada como se estivesse partindo para um planeta longínquo, do qual não conhecesse a língua nem os costumes. Ora, você vai para uma cidade próxima, logo, não perderá seus amigos. E lá, o que vai encontrar? Um colégio bem parecido com o seu, com professores (uns simpáticos, outros menos, como de hábito). E meninas que você ainda não conhece, mas com as quais vai fazer amizade, da mesma forma que fez com suas amigas atuais (esqueceu-se de que também as conheceu, um dia?). Então, onde está o problema? Além disso, você parece convencida de que, tendo sempre morado no mesmo lugar, não tem nenhuma experiência com mudanças. Mas isso é mentira! Um dia, como todas as crianças, você teve uma experiência de mudança. E ela foi três milhões de vezes mais difícil que a de agora. Foi a primeira vez que você deixou sua família para ir à escola: uma multidão de adultos desconhecidos, de crianças desconhecidas... O grande mergulho na incógnita! E você se deu bem, não foi? Então, parta tranquila e tenha confiança. Quando se conseguiu sucesso nessa mudança, não há como falhar na seguinte. Mande notícias quando chegar. Estou pensando em você.

Por que é difícil fazer perguntas importantes a gente grande?

Paul, 7 anos e meio

É difícil, ao mesmo tempo, por causa dos adultos e da própria criança. Dos adultos porque alguns deles não são muito acessíveis. Não se interessam realmente pelas crianças e não as escutam de verdade. E pode ser difícil mesmo quando sentimos que eles estão dispostos a escutar. É que temos receio de incomodá-los. Uma amiga da mamãe que sempre vinha nos visitar com o marido, por exemplo, e agora vem sempre sozinha, será que temos o direito de lhe perguntar se eles estão brigados? Podemos ter medo de ser indelicados, ou até, se ela estiver com um jeito triste, de fazê-la chorar. E uma outra cuja barriga cresceu, será que temos o direito de lhe perguntar se há um bebê lá dentro? Talvez ela só tenha comido demais nas férias e fique furiosa com isso... Seja como for, falar para dizer coisas verdadeiras e importantes é sempre difícil. Falar de uma coisa e outra, dizer abobrinhas, isso não é complicado. Mas dizer coisas a que damos muito valor é como jogar cartas com dinheiro de verdade. Se perdermos, será para valer… E é por isso, aliás, que eu lhe agradeço por sua pergunta, Paul. Ela era importante para você e você teve a coragem de fazê-la a mim. É a prova de que você já é crescido. Parabéns!

É normal ser ciumento?

Kevin, 7 anos

É perfeitamente normal! Todas as crianças são ciumentas, num ou noutro momento da vida. E os adultos também. Algumas crianças são ciumentas por terem verdadeiras razões para isso: aquelas cujos pais não tratam todos os filhos da mesma maneira, por exemplo. E outras o são por razões que elas imaginam. Quando um irmãozinho ou uma irmãzinha acaba de nascer, o mais velho imagina que o bebê vai tomar conta de tudo e que seus pais não vão mais se interessar por ele. Não é verdade, é claro, mas é difícil não pensar assim. Quanto aos adultos, eles podem ficar enciumados de outros adultos que eles acham mais bonitos, mais inteligentes ou mais ricos que eles. Mas os adultos sentem ciúme principalmente quando estão apaixonados. É que sempre têm medo de que a pessoa amada prefira uma outra a eles. Em geral, eles tentam dominar a emoção, mas nem sempre conseguem. Bem, como vai perceber, muita gente diz que não é bom ser ciumento e que isso é um defeito. Não convém dar muita atenção a essas pessoas. É sempre doloroso sentir ciúme: a pessoa não se orgulha de si e esconde isso das outras. Mas é um sentimento normal, e não se deve ter vergonha dele. Ao contrário. É preciso falar dele (com um adulto, um amiguinho). Porque, muitas vezes, isso permite que a gente perceba que andou imaginando coisas que não valiam a pena e saia do pesadelo. Ufa!

Meu primeiro amor me deu o fora. Tenho dificuldade de me recuperar disso

Éléonore, 16 anos

Do que você me contou, Éléonore, parece que podemos fazer dois tipos de leitura. Primeiro, existe o fato de que você amou apaixonadamente um garoto e, como me disse, ele lhe "deu o fora". Isso é violento e sempre faz você se sentir desvalorizada. E explica, sem dúvida, que você tenha medo de continuar a ser "uma eterna largada, com quem os outros ficariam por piedade"... Se quer a minha opinião, não há o menor risco! Mas isso me leva a outra leitura. É que essas dúvidas que você tem a seu respeito talvez não se devam apenas ao rompimento, mas também à personalidade do garoto que você amou. Ele é, nas suas palavras, "muito feio", fechado, orgulhoso e cínico. Mas deixou você fascinada pela inteligência. Perguntei a mim mesma se esse garoto (que parece ter se construído com grande sofrimento em relação a seu físico) não estaria, inconscientemente, rivalizando com você, de quem admirava a beleza. E se, além disso, envaidecido pelo seu amor, não se teria servido dele para provar a si mesmo que, bonito ou não, podia dominar uma mulher. E dominá-la inclusive a ponto de humilhá-la (ele lhe "deu o fora por uma mensagem de texto", o que é violento e grosseiro). Se essa hipótese lhe parecer aceitável, você deveria se perguntar o que a teria levado, inconscientemente, a escolhê-lo. Em quem (em que) isso a faria pensar? Refletir sobre isso lhe permitiria, na verdade, fazer outras escolhas no futuro. Existem garotos, bonitos ou não, que são inteligentes, respeitadores e capazes de amar outra coisa que não eles mesmos.

Estou muito inquieta por causa de uma das minhas amigas. Como posso ajudá-la?

Mélanie, 14 anos

Sozinha, você não poderá ajudar sua amiga, Mélanie. Com certeza, a sua amizade é, para ela, um ponto de apoio muito importante. Mas o que ela está vivendo é grave demais para que isso seja suficiente. Como você, ela tem quatorze anos e seus únicos apoios são o irmão de dezoito anos e os gatos: "Sem eles", diz ela, "eu já estaria morta." A irmã mais velha porta-se com ela como uma mãe tirânica. Essa irmã "a trata aos berros o tempo todo", e os pais deixam a coisa rolar. O pai dela é incoerente, permissivo quanto a certas coisas e de uma violência terrível quanto a outras, e acima de tudo, tal como sua mulher, é insensível ao sofrimento da filha e inconsciente da gravidade do estado dela. A sua amiga bebe, foge de casa, tem depressões e já fez até tentativas de suicídio, mas isso não os afeta em nada: eles consideram que a filha age assim "para ser interessante". Com um cinismo de dar calafrios, o pai a aconselhou, na última tentativa de suicídio, a "não se esquecer de arrumar os remédios". Quanto à mãe, a quem a menina pediu (aconselhada por você) para consultar um psicanalista, ela lhe respondeu que não valia a pena... Resultado: além da bebida, sua amiga se deixa manipular por qualquer pessoa e transa com qualquer um. Você tem medo de que ela acabe usando drogas ou conseguindo se suicidar. Tem razão. O risco é esse. Portanto, ela precisa ser ajudada por adultos. Creio que seria bom você conversar sobre essa amiga com seus pais, para vocês irem juntos comunicar o caso dela à assistência social do colégio (ou do bairro), que pode solicitar para ela – como seus pais também podem fazer, aliás – a proteção da justiça. Na verdade, o caso dela é da alçada da justiça, porque ela está correndo perigo.

Desde que meus pais se divorciaram, eu durmo com a mamãe. Isso é certo ou errado?

Guillaume, 7 anos

Evidentemente, eu poderia lhe responder, Guillaume, que está errado. Mas não seria uma resposta correta. É que coisas "erradas", todos nós as fazemos, todos os dias, e isso não é muito sério. Enfiar o dedo no nariz, por exemplo, é "errado", porque é nojento para as outras pessoas que nos veem e porque, ainda por cima, elas acham que somos mal-educados. Mas, ora bolas!, se a gente fizer mesmo assim a Terra não vai parar de girar... Dormir com o pai ou a mãe é outra história, porque isso, sim, é sério. Por quê? Porque impede que a criança se construa mentalmente, para mais tarde se tornar um adulto que funcione bem e seja feliz. Acha que estou exagerando? Não estou. Só estou dizendo o que me ensinaram muitos adultos que dormiram com os pais. E isso se explica. Quando um menino (e é a mesma coisa com a menina) dorme com a mãe, ele dorme num lugar que, normalmente, é o do marido ou do namorado da mãe. Então, é lógico que tudo se mistura na cabeça dele, vira uma grande confusão. Ele fica sem poder saber de verdade quem é: "Eu sou quem: o filho, o marido?" Essa confusão provoca problemas. Problemas que logo vem à tona (você, por exemplo, tem medo de dormir sozinho, o que não é normal na sua idade). E aparecem mais tarde. É que quando o menino, tendo virado adulto, dorme com sua amada, a grande confusão recomeça: "Quem é essa: minha mãe? Minha namorada? Eu tenho esse direito? Não tenho direito?" Fica tudo complicado. Volte a dormir na sua cama, Guillaume. E, se a sua mãe ficar triste, fique sossegado. Tenho certeza de que logo, logo ela vai encontrar um novo marido para dormir com ela.

Por que os pais sempre falam do trabalho?

Astrid, 7 anos

É meio complicado eu lhe responder, Astrid, porque não sei nada sobre a sua vida em família. Não sei se seus pais são pessoas que falam continuamente do trabalho, como se estivessem sozinhos. Ou se, enquanto conversam com os filhos, falam entre si do trabalho ou de outras coisas que dizem respeito à vida deles de adultos. Se os seus pais estão no primeiro caso, é difícil para você, e é preciso que você consiga falar disso com eles. Porque, quando a gente é criança, precisa conversar com os pais. Falar da vida, do mundo, das coisas que faz. Emitir ideias, discutir e até brigar. Mas, se os seus pais estão no segundo caso, acho que você precisa aceitar que, como todos os pais, eles têm necessidade de uma vida de adultos, com conversas de adultos sobre assuntos de adultos, que não dizem respeito aos filhos, ou que talvez lhes digam respeito, mas não interessam a eles. O trabalho é um assunto de adultos, e todos os pais falam muito dele. Primeiro porque, para eles, é importante poderem compartilhar o que vivem quando não estão em casa. E segundo porque o trabalho, hoje em dia, é um problema para todo mundo. Não há muito trabalho, ele é cada vez mais difícil, e por aí vai. Por isso, os pais ficam preocupados e falam dele, assim como você fala dos seus problemas escolares com seus amigos. Compreendeu?

Por que não posso ver televisão quando estou comendo?

Basile, 6 anos

Já reparou numa coisa, Basile? A língua, as palavras, às vezes isso é muito engraçado. Ao ler a sua pergunta, pensei, por exemplo, numa expressão: "comer com os olhos". Não sei se você vai concordar comigo, mas acho que é uma expressão muito correta. Porque, quando olhamos para alguma coisa que nos interessa de verdade, fazemos essa coisa entrar em nós pelos olhos, assim como fazemos entrar na boca um alimento de que gostamos (um sorvete de chocolate, por exemplo. Você gosta de sorvete de chocolate?). Pois é, se víssemos televisão durante a refeição, isso significaria que estaríamos comendo, ao mesmo tempo, com a boca e com os olhos. E isso não pode funcionar. É que o corpo não sabe muito bem fazer duas coisas ao mesmo tempo. Quando é obrigado, sempre faz uma melhor do que a outra. E, no caso de que estamos falando, os olhos é que ganhariam. Cativados pela televisão, acabaríamos comendo mecanicamente, sem saber o que estávamos comendo, ou até sem saber que estávamos comendo. Seria uma pena – porque o que comemos é bom – e, ainda por cima, seria perigoso. É que, comendo feito um robozinho, comeríamos mal (esquecendo de mastigar, por exemplo) e, provavelmente, comeríamos demais. E depois, há outro problema. É que, se assistimos à televisão enquanto comemos, não podemos mais conversar com as pessoas que estão em volta da mesa. E isso também é uma pena, porque as refeições são momentos em que podemos nos encontrar. Conclusão: acho que seus pais têm razão de proibir que você veja televisão na hora da comida. A boca ou os olhos: é preciso escolher!

Meu namorado me bateu durante um ano e meio. Rompi com ele, mas não consigo me recuperar. Ajude-me

Johannah, 16 anos e meio

Vou começar, Johannah, por um aviso que penso ser útil. Num casal, seja qual for a idade dos protagonistas, pode haver problemas. Eles são resolvidos (ou não) com conversas, gritos e até xingamentos, vez por outra. Isso nunca é divertido, mas é normal. O que não é normal é os problemas levarem à violência física. Não é normal e – é preciso que você saiba – é da alçada da justiça. O seu namorado, diz você, a submeteu a "estrangulamentos, cabeçadas, socos e pontapés". Você deveria ter prestado queixa, e ele deveria ser julgado por esses atos. Digo isto com firmeza, desde já, porque você parece não ter noção da completa anormalidade do que viveu. É evidente que esse rapaz (de 22 anos) é, em decorrência da sua história, presa de uma violência patológica. E se portou com você como sempre acontece nesses casos: passada a raiva, ele vinha chorar, pedir perdão etc. Atualmente, você rompeu, mas está mal. Não é de admirar: você passou mais de um ano sem nenhuma ajuda (onde estavam seus pais?), entregue a um torturador. Portanto, repito, é preciso prestar queixa. Por você e para evitar outras vítimas: esse rapaz deve ser tratado. E você precisa consultar um profissional para compreender o que a levou a escolhê-lo. A que violência da sua história (praticada por quem? Sofrida por quem?) isso remeteria? Isso é necessário para você se sentir melhor e para que essa experiência nunca mais recomece.

Faz dois anos que estou apaixonada por meu melhor amigo. Devo contar a ele?

Marion, 14 anos

Eu me sinto incapaz de lhe responder, Marion. Porque, em matéria de amor, mais ainda do que noutros campos, é impossível dar conselhos de fora. Uma história de amor – aos três, aos trinta ou aos noventa anos – é sempre uma história única, sutil, complexa e misteriosa. Assemelha-se a um material raro e precioso, vindo de outro planeta: não sabemos o modo de usar. Portanto, nada de conselhos. Apesar disso, cabem algumas observações, porque você parece estar raciocinando como se fosse absolutamente necessário ser você a falar. Ora, vocês são dois, e esse garoto e você são amigos há dois anos. Logo, ele também poderia falar. Por que não falou? Será porque, ao contrário de você, não está apaixonado? Ou será porque está e não se atreve a dizer? Seria importante saber. Você acha que ele se interessa por garotas? Isso não é certeza, você sabe. Um menino da idade dele pode ainda não ter interesse. Além disso, você parece achar que o amor deve ser dito necessariamente com palavras. Ora, ele pode muito bem se expressar de outras maneiras: por meio de olhares, gestos… Será que esse garoto olha para você? E como? Também isso seria conveniente saber. Isso porque, você tem razão, declarar-se apaixonada por ele, se ele não estiver apaixonado, pode dificultar a sua amizade. Por isso, creio que seria importante avaliar a situação e refletir. E talvez avaliar também os seus sentimentos. Porque é possível que você se sinta apaixonada por esse garoto por ele ser o único com quem você teve, até aqui, relações um pouco mais próximas. Pense nisso. Mais vale um bom amigo que um mau namorado...

Vivo cada vez mais num mundo imaginário, mas não quero consultar nenhum psi. Por quê?

Margot, 17 anos

Aos oito anos, por se sentir mal, você começou a se refugiar num mundo imaginário. Depois, passou a se refugiar nele com frequência cada vez maior. A ponto de, hoje em dia, temer confundi-lo com a realidade. A sua vida real, por outro lado, vai mal: você não consegue nem conversar com os outros nem organizar seus estudos e seu futuro. A sua mãe lhe propôs que consultasse um psicanalista, mas você se recusa e me pergunta por quê. É evidente que não faço a menor ideia, mas, na sua carta, algumas coisas me intrigam. O seu mundo imaginário, na verdade, é o de um jovem mágico, o que não é anódino. Por que um rapaz? Você não gosta de ser uma moça? Além disso, um mágico pode transformar a realidade a seu bel-prazer. Um toque com a varinha de condão e pronto! Tentador, não é? Tentador, mas ilusório. Ao passo que todos nós, pondo a cabeça para funcionar e as mãos na massa, podemos transformar "de verdade" a realidade. É mais cansativo, porém também é mais eficaz... A sua aventura com a magia começou aos oito anos. O que aconteceu quando você tinha oito anos? Do que você teria sentido necessidade de fugir? E do que continua a fugir, recusando-se a deixar o seu mundo imaginário? Porque, sem dúvida, é para não deixá-lo que você se recusa a ver um psi. Você não tem escolha, Margot. Magia é bom quando a pessoa tem três anos, mas, aos dezessete, você deve começar a construir sua vida de mulher. Você precisa sair desse impasse. Vá fazer uma consulta!

Para que serve a vida?

Alicia, 12 anos

Na sua carta estranha, cheia de perguntas tristes que se cruzam, você começa por me perguntar, Alicia, por que a vida existe. Ela existe para cada um de nós porque, um dia, um homem e uma mulher – nossos pais – se amaram. Amaram-se muito, ou um pouco menos, ou quase nada, mas, em todo caso, o bastante para que seus corpos se unissem e um filho fosse concebido. A mulher (a mãe) o carregou, e depois o filho nasceu, porque ela o trouxe ao mundo, com ou sem o pai. Dizem que "trazer ao mundo", em francês, é sinônimo de "dar vida", mas isso nem sempre é verdade. Porque há pais que podem trazer um filho ao mundo sem, no entanto, dar-lhe vida. Quer dizer, sem amá-lo, conversar com ele, apoiá-lo para que, todas as manhãs, ele tenha vontade de acordar, viver e progredir. Esses pais, sabe, não são piores do que os outros (e com certeza também não são melhores, por outro lado). É só que os pais deles já não tinham podido lhes dar vida. Então, eles continuam a fazer o mesmo com seus filhos. É besteira, é triste, mas é assim. Agora, sua pergunta: "Para que serve a vida?" Vou lhe dizer, Alicia, do fundo do coração: a vida serve para o que quisermos que sirva. Porque, quando está presente e é sólida, ela nos permite fazer o que desejarmos. Você tem doze anos e, com certeza, hoje é muito duro para você. Mas há uma vida depois da família. Decida o que você quer que ela seja. Que profissão, que amigos, que amores você quer. E, principalmente, empenhe-se na escola, porque a escola, você sabe, é a porta do mundo. Guarde a minha resposta num canto do coração e da cabeça, para que ela possa falar com você nos dias em que estiver muito triste. Siga em frente e, acima de tudo, aguente firme! Estou pensando em você, com muito, muito carinho.

Notas

1. Ainda hoje, milhões de crianças pelo mundo não têm, em função do sistema econômico que as explora, nenhum direito à infância.

2. P. Ariès, *L'Enfant et la vie familiale sous l'Ancien Régime.*

3. É. Badinter, *L'Amour en plus.*

4. Montaigne, *Essais*, II, 8, citado por Philippe Ariès in *L'Enfant et la vie familiale...*, op.cit., p.62.

5. N. Laneyrie-Dagen (org.), *Les Grands Événements de l'histoire des enfants*; e C. Halmos, *Pourquoi l'amour ne suffit pas.*

6. Ver F. Dolto, *Enfances.*

7. Ver F. Dolto, *Lettres de jeunesse. Correspondance, 1913-1938.*

8. Num programa intitulado *Docteur X*, porque, na época, o conselho da Ordem dos Médicos proibia seus membros de fazer qualquer tipo de publicidade.

9. Crise cujas causas são multifatoriais e mereceriam ser estudadas com (muita) seriedade.

10. A. Naouri, *Éduquer ses enfants. L'urgence d'aujourd'hui*; e D. Pleux, *Génération Dolto.*

11. Na palavra "abandono" [*abandon*] – como Françoise Dolto nunca deixou de assinalar – existe "dom" [*don*]. A criança adotada é uma criança que teve importância suficiente para seus genitores (seus "pais de nascimento") para que eles se preocupassem em lhe dar um futuro, entregando-a em adoção.

12. E que dizer das crianças "nascidas de parto anônimo" [sob sigilo da filiação], as quais a sociedade, com toda a legalidade e toda a impunidade, priva da identidade dos ascendentes?

13. A morte de uma pessoa querida é, antes do que será o tempo de sua ausência, o último momento da relação com ela. Pensar na pessoa que

não mais veremos e poder pranteá-la são parte integrante dessa relação. Esse é um momento, sejamos nós adultos ou crianças, do qual temos necessidade e ao qual temos direito.

14. Também nesse caso, algumas mães contam que, mal receberam o resultado do teste de gravidez, e certamente ainda não tendo falado disso com seu filho, este tocou sua barriga (num gesto incomum) e disse, por exemplo, "Neném!".

15. A gravidez faz parte do que há de mais íntimo na vida de um casal, e os futuros pais são os únicos a decidir sobre o momento de anunciá-la a terceiros. Assim, a criança (irmão ou irmã do futuro bebê) deve ser informada depressa, mas não necessariamente de imediato. Mais uma vez, ela deve compreender que existe uma "vida privada" do casal formado por seus pais, à qual ela não tem acesso.

16. O que não tem nada de extraordinário: ter um bebê em casa não é divertido todos os dias para seus irmãos.

17. Sobre os quais ela aprende na televisão ou, durante o horário escolar, por intermédio de outras crianças que assistiram à televisão e falam do assunto.

18. Assim, adultos em análise relatam a brutalidade de certas notícias: "Bom, você precisa saber: o seu irmão sofreu um acidente muito grave. Não sabemos se vai sair dessa."

Referências bibliográficas

Ariès, Philippe. *L'Enfant et la vie familiale sous l'Ancien Régime*. Paris, Seuil, 1975. [Ed. bras.: *História social da criança e da família*. Rio de Janeiro, LTC, 2ª ed., 1981.]

Badinter, Élisabeth. *L'Amour en plus*. Paris, Flammarion, 1981. [Ed. bras.: *Um amor conquistado: o mito do amor materno*. Rio de Janeiro, Nova Fronteira, 1985.]

Becchi, Egle e Dominique Julia (orgs.). *Histoire de l'enfance en Occident*. Paris: Seuil, vols. 1 e 2, 1998.

Dolto, Françoise. *Enfances*. Paris, Seuil, 1986.

____. *Lettres de jeunesse. Correspondance, 1913-1938*. Paris, Gallimard, 2003.

____. *Lorsque l'enfant paraît*, 3 vols. Paris, Seuil, 2008.

Halmos, Claude. *Pourquoi l'amour ne suffit pas*. Paris, Pocket, 2008.

Korczak, Janusz. *Comment aimer un enfant*. Paris, Robert Laffont, 1998. [Ed. bras.: *Como amar uma criança*. Rio de Janeiro, Paz e Terra, 1983.]

Laneyrie-Dagen, Nadeije (org.). *Les grands événements de l'histoire des enfants*. Paris, Larousse, 1995.

Pleux, Didier. *Génération Dolto*. Paris, Odile Jacob, 2008.

Thébaud, Françoise. *La femme au temps de la guerre de 14*. Paris, Stock, 1986.

ESTA OBRA FOI COMPOSTA POR MARI TABOADA EM DANTE PRO
E IMPRESSA EM PROCESSO SOB DEMANDA PELA UM LIVRO SOBRE
PAPEL OFFWHITE PARA A EDITORA SCHWARCZ A PARTIR DE 2025